KB089253

경매 투자에서
반드시 주의해야 할 86가지

성공 투자를 위한 경매 Q&A

경매 투자에서 반드시 주의해야 할 86가지

성호섭 지음

경·공매, 지식이 쌓이면
블루오션이 보인다

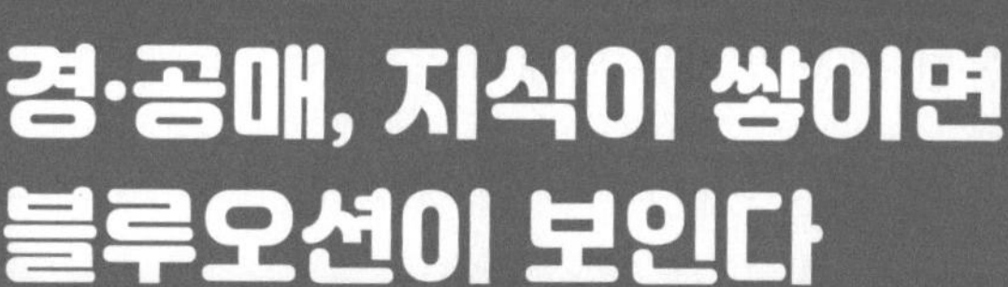

한국경제신문i

성공 투자를 위해 알아야 할 필수항목 모음집

여태껏 우리는 경매란 무엇이며, 또 어떻게 해야 능률적인가에 관한 공부를 너무도 많이 했다. 식자우환(識字憂患)이랄까, 오히려 너무 많이 알아 염려가 될 지경이다.

그럼에도 불구하고 경매 물건의 권리분석을 할 때 유의할 항목은 헤아릴 수 없이 많아 여기저기 산재된 지식을 한데 모아 능률적으로 실행에 옮기기란 그리 쉽지 않음을 알 수 있을 것이다.

이 책에서는 여태 배운 것 중 때론 약이 될 수도 있고 때론 독이 될 수도 있는, 실무에서 꼭 알아야 할 중요한 것들을 간추려서 경매 물건 또는 업무별로 크게 나눠 종합적으로 일목요연하게 수록했다. 독자 여러분들께서는 방대한 지식에 대한 복습을 겸해 경매를 통한 성공 투자를 위해서는 최소한 여기에서 열거한 기본적인 항목은 반드시 숙지해 투자에 적용하기 바란다.

이 책을 따라가다 보면 시중의 경·공매 책자나 강의에서는 접할 수 없는 재테크 상식이나 다양한 법률상식, 심지어 소송할 때 활용할 수 있는 기본 지식까지 광범위하게 기술되어 있는 것을 발견할 수가 있을 것이다. 이와 같이 원고를 구성한 이유는 비록 경·공매가 민사집행법과 국세징수법을 바탕으로 진행되기는 하나, 배당(최우선변제, 우선변제)에서는 민법을 비롯해 기타 많은 법률이 동원되고, 또 이를 떠나 민법이나 기타 다양한 법률의 원리를 알고 나면 많은 부분에서 이를 응용해 수익창출을 위한 다양한 법률행위를 할 수 있기 때문이다. 굳이 독자의 지식을 협소하게 경·공매(민사집행법, 국세징수법) 부분으로만 국한하는 것보다 오히려 더 많은 재테크 상식이나 다양한 법률상식을 광범위하게 전달함으로써 일상의 법률행위에 다양하게 응용할 수 있게 하기 위한 배려라는 점을 밝혀드린다. 따라서 독자분께서는 이런 필자의 소망에 어긋나지 않게 더 많은 상식, 더 광범위한 지식을 익혀 일상에 적용하기 바라는 바다.

성호섭

차례

제02부 주택 및 상가 임차인에 관한 분석 시 유의사항

제03부 명도실무

제04부 인도명령명도소송의 집행에 이은 유체동산 경매 절차

제05부 경·공매 시 '입찰 실수'에서 탈출하는 방법

제 01 부

경매 입찰 시 일반적 유의사항

입찰자는 맨 처음 무엇부터 고민해야 할까?

맘에 드는 물건이 있어 입찰에 참여하려고 한다. 맨 처음 무엇부터 고민해야 할까?

1. 입찰에 참여하려면 제일 먼저 낙찰받고자 하는 목적을 정해야 한다

대상물건을 취득하고자 하는 목적에 따라 적용할 원가와 그 산출기법이 확연히 달라진다. 그러면 과연 낙찰받으려 하는 목적에 따라 가격산정 기준이 어떻게 달라지는지를 살펴보자.

1) 재매각차익(투자 차익) 실현용으로 취득하고자 하는 경우

낙찰 후 재매각해서 투자 수익을 실현하고자 하는 경우에는 취득에 소요되는 추가 비용과 취득세뿐만 아니라, 취득 이후 최종 목표달성 시까지(재매각에 의한 수익실현 시까지) 소요기간에 대한 자기자금과 차입자금에 대한 이자도 원가에 포함해 계산해야 하기 때문이다.

그럼에도 대부분의 컨설턴트들은 바로 투입되는 비용 외에 환가 시까지의 자기자금 이자는 말할 것도 없거니와, 심지어 차입자금에 대한 이자마저 계상하지 않고 단순차익을 계산해 비교하는데, 바로 이런 경우 앞으로 남고 뒤로 밑질 수가 있다.

2) 임대수익 실현용으로 취득하고자 하는 경우

임대수익을 실현하기 위해 취득하고자 하는 경우에는 복성가격이나 거래사례 비교법에 의한 평가를 할 것이 아니라 반드시 기대하는 임대수익률을 역산으로 산출해 그에 합당한 입찰가격을 산출해야 한다.

예를 들어 어떤 물건을 조사한 결과, 예상 임대현황이 보증금 5,000만 원, 월 총임대료 500만 원(연 6,000만 원)이고 이 물건을 온전히 취득(사용·수익)하기 위해 3,000만 원이 추가로 소요되고 취득세로 5,000만 원이 소요된다면, 연 수익률 4%를 달성하기 위해 과연 얼마에 낙찰받아야 하며, 연 수익률 6%를 달성하기를 원한다면 또 얼마에 낙찰받아야 할까?(이 물건의 평균 공실률은 10%로 계상하기로 한다)

연 수익률 6%를 달성하기 위해서는 얼마에 낙찰받으면 될까?

① 공실률(10%)을 차감한 실질 연 임대수익 산출액: ₩54,000,000
② 임대수익이 연 6%일 경우 총 투입가액: ₩900,000,000
산식: ₩54,000,000÷0.06(6%)=₩900,000,000
③ 총 투입가액이 ₩900,000,000이 되기 위한 산출액: ₩870,000,000
₩900,000,000−₩30,000,000(취득소요비용)−₩50,000,000(취득세)+₩50,000,000
(보증금)=₩870,000,000

또 연 수익률 4%를 달성하기 위해서는 얼마에 낙찰받으면 될까?

① 공실률(10%)을 차감한 실질 년 임대수익 산출액: ₩54,000,000
② 임대수익이 연 4%일 경우 총 투입가액: ₩1,350,000,000
산식: ₩54,000,000÷0.04(4%)=₩1,350,000,000
③ 총 투입가액이 ₩1,350,000,000이 되기 위한 산출액: ₩1,320,000,000
₩1,350,000,000−₩30,000,000(취득소요비용)−₩50,000,000(취득세)+₩50,000,000(보증금)=₩1,320,000,000

계산 방식을 일괄해 표로 정리하면 다음과 같다.

(단위: 1,000원)

ⓐ희망 연 수익률		2%	4%	6%	8%	10%	00%
예상임대 (예상공실률:10%)	ⓑ보증금	50,000	좌동	좌동	좌동	좌동	좌동
	년 임대료	60,000	좌동	좌동	좌동	좌동	좌동
	(월 임대료)	(5,000)	좌동	좌동	좌동	좌동	좌동
	ⓒ실질임대료	54,000	좌동	좌동	좌동	좌동	좌동
ⓓ최종 투자액(ⓒ÷ⓐ)		2,700,000	1,350,000	900,000	675,000	540,000	
ⓔ취득추가소요비용		30,000	좌동	좌동	좌동	좌동	좌동
ⓕ총 투자액(ⓓ-ⓔ+ⓑ)		2,720,000	1,370,000	920,000	695,000	560,000	
ⓖ취득세 등(5%계상) [ⓕ÷(1+5%)×5%]		129,524	65,238	43,810	33,095	26,667	
ⓗ응찰가액[ⓕ÷(1+5%)]		2,590,476	1,304,762	876,190	661,905	533,333	

3) 자가사용용으로 취득하고자 하는 경우

자가사용용으로 취득하고자 할 때는 재매각차익(투자 차익) 실현용으로 취득하고자 하는 경우 산출된 가액에서 취득세 등을 차감하지 않은 금액과 유사한 물건의 주변 시세를 비교해 적정한 입찰가를 산출해야 한다. 그 이유는 비교 대상인 주변 시세 역시 취득세가 포함되지 않은 것이므로 비교기준을 같이해야 하기 때문이다.

2. 자가사용용으로 취득하고자 하는 경우에는 다음 사항을 추가로 확인해야 한다

1) 면적 규모, 위치, 형상 등이 자가사용 용도에 적합한지 확인

2) 경매 이전과 동일한 업종으로 사업을 승계받아 영위하고자 할 경우

권리·의무가 승계되는 업종일 경우에는 행정처분 여부를 확인하고, 업종이 인허가 사업일 경우에는 기존 사업자와의 원활한 영업승계가 안돼 신규로 인허가를 받을 때를 대비해 변경된 정화조, 소방, 주차규정 등을 확인해 신규 인허가가 가능한지 희망업종별 관련 법규를 확인해야 한다.

업 종	관련 법규	주요 확인 내용
음식점, 미용실, 세탁소 등	식품위생법, 하수도법, 공중위생관리법	폐업신고 여부, 시설기준(정화조 용량, 소방시설), 행정처분내용(승계 여부 판단)
노래방, 학원 등	음악산업진흥에관한법률, 학교보건법, 학원설립 운영및과외교습에관한 법률	시설기준(소방시설 등), 정화구역, 당 건물 또는 일정 거리 내 공존할 수 없는 유해업소
PC방, 당구장, 만화가게 등	게임산업진흥에관한법률, 체육시설의 설치및이용에관한법률, 학원설립운영및과외교습에관한법률	초·중·고로부터 일정 거리 내 공존할 수 없는 유해업소
고시원 및 유사업종	다중이용업소의안전관리에관한특별법	소방시설기준(복도의 폭, 스프링쿨러)
유흥주점 등 사치성재산	지방세법	상기 외 취득세 및 재산세 중과세 (단, 바로 타 용도로 전용 시는 제외)

3) 신규로 자가영업을 운영하고자 할 경우

희망업종의 건축법상 규정 용도와 현 건축물관리대장상 용도의 일치 여부를 확인해야 한다(일치하지 않을 경우 용도변경이 가능한지를 확인해야 한다).

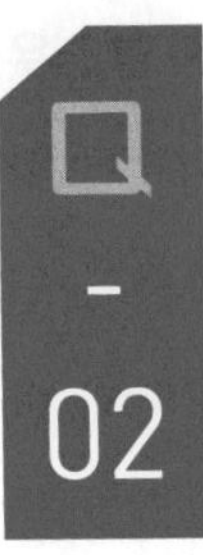

위반건축물이 있다면 어떻게 분석해야 할까?

맘에 드는 물건이 가격도 저렴해 입찰하려 하는데 해당 물건에 위반건축물이 있다. 이럴 때 어떻게 분석해야 할까?

1. 위반건축물 및 위반내용을 확인하는 방법

위반건축물이 있을 경우 매각물건명세서상에 그 내용이 표기되어 있고 건축물관리대장 표지와 변동사항(변동내용 란)에 표시되어 있으며, 위반 정도 및 이행강제금은 지자체마다 차이가 있으므로 자세한 내용은 해당 시·군·구청을 통해 확인해야 한다.

2. 위반건축물이 있을 때 주의할 점

1) 먼저 불법건축물이 있을 경우 자금계획(경락잔금대출)을 확인해야 한다

불법건축물(무허가 신·증축, 허가조건 불이행, 불법용도변경 등)이 있는 경우에는 경락잔금대출에 차질이 있을 수 있기 때문이다. 따라서 이런 경우에는 반드시 사전에 경락잔금대출 규모를 확인해야 한다.

> ☞ 통상적인 경우의 정상적인 경락잔금대출[*기준신용등급(원칙): 6등급 이상]
>
> 1) 대출한도(원칙): 사업자대출 시 아래+약 10% 선 추가(경우에 따라 일부 추가 신용대출도 가능)
>
> ▷ 낙찰가×80%와 ▷ 감정가[*주거용물건:Kb 시세 적용]×70% 중 적은 금액 [기 보유대출(DTI산출 시 감안), 금융기관, 대출상품, 신용도 등에 따라 차이가 있을 수 있음]
>
> 2) 소득증빙서류[*단, 사업자대출 시: 사업자등록증(신규등록도 가능)] 재직증명서,원천징수영수증 등[*추정소득 적용 시: 카드사용금액, 지역의료보험료 납부내역]

2) 이행강제금을 확인해 취득원가와 유지비용에 계상해야 한다

위반건물의 종류와 위반종류에 따라 다르지만, 원칙적으로 위반이 해소될 때까지 연 2회에 걸쳐 이행강제금이 부과되기 때문이다. 다만 주거용 건물의 경우에는 이행강제금의 액수와 부과 회수에 제한(혜택)이 있으므로 이로 인해 과도하게 매각가가 저감되어 있을 경우에는 수익실현의 기회가 될 수도 있는데, 그 자세한 내용은 다음의 이행강제금 부과기준 요약표를 참고하도록 하자.

2018.06.27. 현재 이행강제금 부과기준(법률규정) 요약표

위반내용별 이행강제금(기준)

건축법80조①항1호		령115조의3①항	
▷건폐율 초과	1)기준액: ㎡당 건축물 시가표준액 ×50/100×위반면적(㎡) 2)적용액: 위 기준액× 우측 시행령 (내용별 세분)	×80%	*건축 조례로 추가 감경 가능 [한도: 기준액 ×60% 이상]
▷용적율 초과		×90%	
▷무허가 건축		×100%	
▷미신고 건축		×70%	

건축법 제80조①항2호/시행령115조의2②항(별표15)	
▷무허가(무신고)증설·대수선(법11조,14조) ▷무허가(무신고)용도변경(법19조) ▷건축선위반(법47조) ▷내화구조,방화벽부적합(법50조) ▷방화지구내의 법령위반(법51조) ▷높이제한위반(법60조) ▷일조권위반(법61조) ▷건축설비의 설치·구조·설계,공사감리위반(법62조)	건축물 시가표준액 ×10/100
▷내부마감재부적합(법52조)	〃 ×5/100
▷유지·관리 기준미달(법35조) ▷구조내력부적합(법48조) ▷피난시설,건물용도·구조 제한, 방화구획, 계단, 거실 반자높이, 거실채광·환기·바닥 방습부적합(법49조)	〃 ×3/100
▷조경위반(법42조)	위반면적의 시가표준액×3/100
▷그외 법·명령·처분 위반	건축물 시가표준액 ×3/100 이내 건축 조례로 정하는 금액
▷사용승인 없이 사용(법22조)	건축물 시가표준액 ×2/100

주택감경

건축법80조①항단서 및 ⑤항단서/시행령115조의2①항	
	1) 주택면적별 감경대상 위반내용 ① 연면적(공동주택: 전용면적) 85㎡ 이하 : 모든 위반에 적용 ② 위 면적 초과 주택: ▷준공전사용(22조) ▷조경위반(42조) ▷높이제한(60조) ▷일조권위반(61조) ▷그외의 위반(건축선위반 등은 제외) 2) 감경내용 ① 금액: 1/2 내 지자체 조례로 정하는 금액 ② 회수: 5회 이내 지자체 조례로 정함

기타감경

1) 위반내용시정시의 감경(법80조의2①항)		
		▷1호: 500㎡(수도권 외: 1,000㎡) 이하의 축사, 농·어업용 시설: 1/5 감경
	▷2호→령115조의4에 정하는 경우(*영리목적위반·상습적위반은제외) : 1/2 이내	▷위반행위 후 소유권이 변경된 경우(경매 포함)
		▷임차인이 있어 현실적으로 임대기간 중에 위반내용을 시정하기 어려운 경우(제외: 특수한 경우)
		▷위반면적이 30㎡ 이하인 경우(제외: 집합건물)
		▷집합건축물의 구분소유자가 위반한 면적이 5㎡ 이하인 경우
		▷사용승인 당시 존재하던 위반사항이 사용승인 후 확인된 경우
		▷일정 기간 내에 "가축분뇨의 관리 및 이용에 관한 법률" 11조에 따른 허가(변경허가)를 받거나 신고(변경신고)를 하려는 배출시설(처리시설포함)의 경우
		▷그 밖에 감경이 필요한 경우로서 건축조례로 정하는 경우: 조례로 정하는 비율
2) '92년 06.01. 이전의 오래된 주거용 건물의 위반행위(80조의2②항)	시행령115조의4③항	▷1호: 연면적 85㎡ 이하(국민주택규모) : 80/100
		▷2호: 연면적 85㎡ 초과 : 60/100

가중

법80조②항: 영리목적위반/상습적위반에 대한 가중(단, 위반 후 소유권이 변경된 경우는 제외) : 산출액×1/2 이내 가중	시행령115조의3②항→공히: 임대 등 영리목적으로⇒	
		▷1호: 50㎡ 초과 불법 용도 변경 시
		▷2호: 50㎡ 초과 무허가(무신고) 신·증축
		▷3호: 다세대(다가구) 주택을 5세대(가구) 이상 무허가(무신고) 증가 시
		▷4호: 동일인이 최근 3년 이내에 2회 이상 법률·명령·처분을 위반한 경우
		▷5호: 기타 조례로 정하는 경우

※ 건축법 80조, 80조의2, 건축법시행령 115조의2~115조의4: 당시의 법률에 따라 기발생한(부과된) 이행강제금은 그에 따른다.

3) 이행강제금 부과기준은 어떻게 되는 걸까?

이행강제금 부과기준은 연 2회 범위 내 조례에서 정하는 횟수를 부과하므로 구체적인 부과금액은 지자체마다 다를 수 있다. 그리고 주거용 건물의 경우에는 이행강제금의 금액과 부과횟수에 제한(혜택)이 있으나, 주거용 건물이라 하더라도 연면적(공동주택: 전용면적)이 85㎡(국민주택규모)를 초과하는 것은 모든 위반이 아닌 특정한 위반에 대해서만 제한(혜택)을 적용하고 있다.

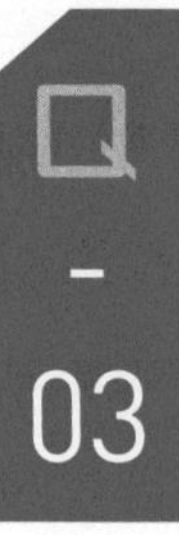

쟁송 중의 다른 사건이 있다면 어떻게 해야 할까?

입찰하려는데 당해 사건과 관련해 쟁송 중에 있는 다른 사건이 있다. 이럴 경우는 어떻게 해야 할까? 그냥 무시해도 될까?

관련 사건(유치권소송, 권원소송 등)이 있을 때는 통상적으로는 경매 절차도 정지시키지만, 그렇지 않고 경매가 계속 진행되는 경우가 있다. 이럴 경우에는 관련 사건의 진행과정과 추이를 파악해 다방면으로 결과를 예측해 분석해야 한다.

그 이유는 관련 사건의 결과에 따라 소유권을 잃거나 인수부담이 바뀔 수도 있고, 수익성이 달라질 수도 있기 때문이다. 물론 이런 경우 나중에 여러 가지 이의제기 방법이 있고 이를 통해 원상을 회복할 수도 있지만, 그러기 위해서는 많은 시간과 노력과 비용이 소요되며 이는 오로지 자신의 부담으로 귀결된다.

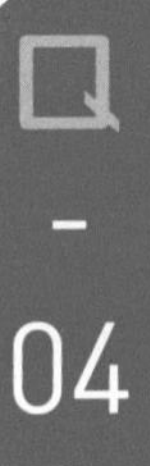

공유지분 입찰을 기피하는 이유는? 한편, 다른 공유자의 입장은?

매각물건이 공유지분일 경우에는 왜 입찰을 기피할까? 그리고 다른 공유지분권자의 입장에서는 어떻게 하는 것이 가장 능률적일까?

1. 매각물건이 공유지분일 경우 입찰을 기피하는 이유

현재는 대부분의 경매 법원에서 공유자가 1회 공유자우선매수신청권을 사용하고 나면 공유자우선매수신청을 제한하고 있지만, 만약 공유자가 아직 공유자우선매수신청권을 사용한 상태가 아니라면 설령 최고가로 입찰했다 하더라도 공유자의 우선매수신청권의 행사로 최고가매수신청인의 지위가 뺏겨 입찰의 의미가 없게 된다. 시간과 노력만 낭비되기 때문이다. 따라서 공유지분 매각에 입찰하고자 할 때는 반드시 우선매수신청권의 제한 여부를 확인한 후 입찰에 참여하는 것이 좋다.

하지만 비록 공유지분에 대한 매각이라 하더라도 일부에 대한 공유지분으로 공유자우선매수신청의 대상이 되지 않거나, 우선매수신청을 하려는 공유자가 매각대상 공유자의 상속인인 경우가 있고, 설령 공유자우선매수신청권이 있다 하더라도 특별한 목적이 있을 때는 그럼에도 불구하고 입찰에 참여할 필요가 있는 경우도 있으니 더 자세한 것은 뒤에 나오는 공유지분 경매를 공부한 후, 입찰을 검토하도록 하자.

2. 반대로, 다른 공유지분권자의 입장에서는 어떻게 하는 것이 가장 능률적일까?

비록 공유자의 입장이라 하더라도 그저 최고가매수신고인이 나서면 그때 공유자우선매수신청권을 행사하려 할 것이 아니라, 충분히 저감되었다고 판단되면 당해 차수에 공유자의 권리를 행사할 준비를 하는 한편 일반 입찰자의 입장에서 당해 차수의 최저가로 입찰하는 것이 좋다(양수겸장).

그 이유는 당해 차수의 최저가가 충분히 저감되었음에도 불구하고 다른 입찰자가 없어 유찰되면 그다음 차수에서는 과

다한 경쟁이 유발될 수도 있고, 특히 공유자가 다수인 경우에는 경매 대상지분이 아닌 다른 지분권자의 변동이 있을 수도 있기 때문이다.

따라서 만약 최저가가 충분히 저감되었다고 판단되면 일반 입찰을 한 공유자에 대한 우선매수신청을 제한하는 규정이 없으므로, 당해 차수에 일반 입찰자의 입장에서 당해 차수의 최저가로 입찰에 참여해 개찰을 기다리다가 만약 다른 최고가매수신고인이 있을 경우에는 공유자우선매수신청권을 행사해 이를 회수하고 다른 입찰자가 없으면 그냥 자신이 당해 차수의 최저가로 낙찰을 받으라는 것이다. 물론 이때 입찰보증금은 공유자로서의 입찰보증금과 일반 입찰자로서의 입찰보증금을 이중으로 준비해야 한다.

NPL 물건에 능률적으로 입찰하는 요령은?

경매 사이트에 매각물건이 NPL이라고 안내하는데, 이럴 경우에도 그냥 입찰하면 될까? 아니면 다른 유의할 점은 없을까?

1. NPL 물건일 경우 먼저 해당 NPL의 매각 여부를 확인하는 것이 좋다

해당 채권이 제삼자에게 매각이 되었는지를 파악해 매각되었다면 특별한 경우가 아닌 한 입찰에 참여할 필요가 없기 때문이다. NPL 채권일 경우에는 특별한 경우(즉, 채권자가 단순히 배당 투자 목적으로 구입한 경우)가 아닌 한 채권자의 입찰경쟁 우월지위로 인해 다른 일반 입찰자는 낙찰받을 확률이 거의 없다.

흔히 입찰장에서 상상도 못 하는 금액으로 응찰해 최고가매수인이 되고, 이때 주변에서는 처음에는 탄성을 지르다가 종내에는 제정신이 아니라는 표정으로 쳐다보는 경우가 있는데, 이것이 바로 유입 목적으로 NPL을 취득한 후 채권보유자의 입장에서 입찰에 참여해 '입찰경쟁우월지위'를 활용해 낙찰받는 경우다.

2. 이런 이유로 낙찰가율 통계는 최소 3%에서 최대 7%(NPL 물건이 많은 경우)는 낮춰보자

NPL 물건의 낙찰가격에는 채권보유자의 '입찰경쟁우월지위'로 말미암아 낙찰가 통계에 상당한 거품이 끼어 있기 때문이다. 하지만 NPL 물건도 입찰경쟁우월지위로 인해 고가낙찰에 대한 현금의 추가지출은 없지만, 최소한 취득세는 거품(입찰경쟁우월지위를 행사한 금액)만큼 더 부담하게 된다.

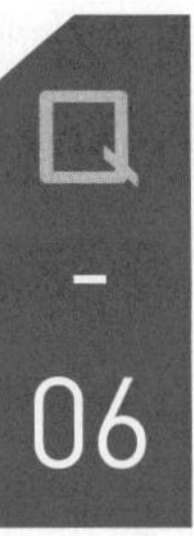

1위와 2위가 근소한 차이일 경우 1위는 뛰어난 점쟁이일까?

컨설턴트에게 의뢰했더니 15억 원짜리 물건에 불과 30만 원 차이로 1등을 했다. 난 정말 유능한 컨설턴트를 만난 것 같다. 그분은 또 다른 물건에서는 제법 높은 가격으로 입찰했는데 그때도 차순위 입찰가격이 이처럼 근소한 차이로 낙찰되었다.

1. 컨설턴트에게 의뢰해 15억 원짜리 물건에 불과 30만 원 차이로 1등을 했으니 정말 유능한 컨설턴트를 만난 걸까?

이런 일은 비일비재하게 끊이지 않고 일어난다. 이럴 경우 무조건 컨설턴트를 유능한 점쟁이라고만 믿지 말고, 일단 의심을 갖고 다시 한번 주의 깊게 물건(시세)을 파악해야 한다.

물론 그렇지 않은 경우도 있겠지만, 이런 경우 대개 컨설팅 업체에서 컨설팅수수료를 풍부히, 그리고 신속히 잘 받기 위해 속칭 '바지'를 2순위 입찰자로(때로는 심지어 3순위까지로) 참여시키는 경우가 많기 때문이다. 요즘에는 이런 행태를 인지한 경매 법원에서 전에는 개봉하지 않던 차순위자의 입찰보증금봉투를 개봉해 입찰보증금이 없는 경우와 극소액의 차이가 나는 경우의 명단을 파악해 데이터화하고 있으며, 추후 검찰고발을 고려하고 있는 실정이다. 교묘한 컨설팅 업체에서는 이를 피하고자 많은 인적사항을 확보해 돌려가며 이런 짓을 하고 있으나, 장기적으로는 그로 인한 내부적 갈등으로 말미암아 결국은 그 부작용이 부메랑이 되어 자신에게 되돌아오기도 한다.

2. 또 다른 물건에서는 제법 높은 가격으로 입찰했는데 그럼에도 불구하고 차순위 입찰가격과 근소한 차이로 낙찰되었다면 이는 다음의 경우라고 보아야 한다

1) NPL 물건의 채권보유자가 고가물건이라는 객관적인 자료를 홍보하기 위해 하는 경우: 통상적인 경우

경매 물건이 NPL 물건일 경우 '입찰경쟁우월지위'로 말미암아 채권보유자는 추가 현금의 부담 없이 일반 입찰자보다 상당히 높은 금액으로 입찰할 수가 있으므로 최고가는 물론 차순위까지(때로는 신뢰성을 높이기 위해 3순위까지) 높은 금액으로 낙찰받아 홍보하고 대금을 미납하는데, 이때는 차순위자 역시 같은 그룹이므로 차순위매수신고도 하지 않는다.

> ☞ 1) 채권 보유자의 '입찰경쟁우월지위'='입찰 한도'-'응찰가(일반 예비입찰자의 예상 입찰가격)'
>
> 2) 채권 보유자의 '입찰 한도' =
> ①배당 시점의 실효 채권[유효채권(원금+이자)과 채권최고액 중 적은 것]+②경매 비용+③선순위배당액[▷최우선변제액(소액임차인 최우선변제액+최근 3개월 급여·최근 3년간 퇴직금+재해보상금)+▷당해세+▷선순위 채권]-④몰수보증금-⑤항고보증금 등

2) 차순위자가 차순위매수신고를 하는 경우: 의외의 경우

만약 이런 경우라면 최고가로 낙찰받은 채권보유자는 대금을 미납(입찰보증금을 포기)하고 차순위자로 하여금 대금을 납부하게 한다. 그럼 이때 포기한 입찰보증금은 고스란히 손해를 보는 것이 아닐까? 그것은 그렇지가 않다.

특별한 경우가 아닌 한 NPL은 할인매각 또는 저당 여유가 있는 상태이므로 채권보유자가 경락잔금을 미납해 입찰보증금을 포기한다 하더라도 추후 차순위매수신고인의 대금 납부 시 다시 배당으로 회수되기 때문에 전혀 손해가 없다. 즉, 주머닛돈이 쌈짓돈이 되는 것이다.

경매 전문가들은 왜 법원 감정가를 너무 믿지 말라고 할까?

1. 경매 전문가들이 법원 감정가를 믿지 말라고 하는 이유는 다음과 같다

첫째, 인플레이션(Inflation)기나 디플레이션(Deflation)기 등 시기에 따라 시세의 변동이 있는 경우에는 법원의 감정 시점에 따라 시세가 다르기 때문이다.

둘째, 때로는 감정평가사가 숨은 요인을 찾지 못하거나 시세파악을 잘못해 시세와 다르게 평가하는 경우도 종종 있기 때문이다.

2. 감정가를 참고해 대상물건을 반드시 재평가해야 한다

먼저 감정가와는 별도로 정확한 시세를 파악한 후 낙찰 시 점유를 회수하고 온전한 사용·수익을 하기 위해 추가로 소요될 취득 추가비용(인수금액, 명도비용, 유치권, 토지정화비용, 대수리비용 등)을 감안한 경매 물건의 진정한 가격을 정확히 재평가해야 한다.

그다음에는 총 소요기간(①명도를 완료해 깨끗하고 완전한 권리행사를 하는 데까지 걸리는 기간+②기본적으로 취득 목적달성에 필요한 소요기간)을 산정해 꼭 해당 기간에 드는 이자(차입자금 이자+자기자금 이자)를 원가에 계상해 입찰가를 산정해야 한다.

둘 다 최선순위가 전세권인데 왜 이렇게 낙찰가가 차이 날까?

똑같이 최선순위가 전세권인 물건인데, 하나는 정상가격으로 낙찰되고 하나는 끝없이 떨어진다. 왜 그럴까? 그리고 그런 경우에는 어떻게 분석해야 할까?

1. 먼저 최선순위 전세권이 말소기준권리에 해당하는지를 분석해야 한다

1) 집합건물이 아닌 경우 물건 전체에 대해 설정된 전세권인가를 확인해야 한다

만약 매각물건이 집합건물이 아니고 건물 일부에 설정된 전세권이라면 아예 말소기준권리가 될 수 없기 때문이다.

2) 자신이 경매 신청이나 배당신청을 했는가를 확인해야 한다

설령 매각물건 전체에 설정된 전세권이라 하더라도 자신이 경매 신청을 하거나 배당신청을 하지 않았다면 이는 소제주의의 적용을 받지 않고 대항력을 행사하겠다는 것이기 때문이다.

3) 건물 전체에 설정된 최선순위 전세권자는 경매 신청이나 배당신청을 하지 않았지만, 당해 전세권에 설정된 담보권자(저당권자)나 압류권자(전부명령·추심명령)가 경매 신청을 하거나 배당신청을 했는가를 확인해야 한다

만약 최선순위 전세권에 설정된 저당권자나 압류권자(전부명령·추심명령)가 있을 경우 전세기간이 만료된 상태라면 최선순위 전세권자가 경매 신청이나 배당신청을 하지 않더라도 담보권자(저당권자)나 압류권자(전부명령·추심명령)는 채권자대위권(민법404조)에 따라 전세권이 존속기간의 만료 등으로 종료했다는 소명자료를 첨부해 경매 신청을 하거나 배당요구종기 내 배당요구를 할 수가 있으며, 그럴 경우 말소기준권리가 되기 때문이다.

2. 똑같이 최선순위가 전세권인 물건인데 하나는 정상 가격으로 낙찰이 되고 하나는 끝없이 떨어지는 이유는 다음과 같다

1) 정상 가격으로 낙찰이 되는 경우

건물 전체에 설정된 최선순위 전세권자 자신이 경매 신청을 하거나 배당신청을 해서 말소기준권리가 되고 배당을 다 받는 경우인데, 이런 경우는 낙찰자가 인수할 권리가 없는 깨끗한 물건이기 때문이다.

2) 최저가가 끝없이 떨어지는 경우

말소기준권리가 될 수 있는 조건을 다 갖춘 최선순위 전세권이지만 무슨 연유에서인지 경매 신청도 하지 않고, 그렇다고 다른 채권자가 경매 신청을 해서 법원에서 배당신청을 할 것을 안내해도 하지 않았기 때문이다. 다시 말해, 배당받는 대신 대항력을 행사하겠다는 것이 되어 낙찰자가 고스란히 인수해야 하는 경우다.

통상은 세입자가 대항력을 행사할 수 있음에도 불구하고 일단 경매가 진행되면 묻지도 따지지도 않고 착실히 배당신청을 한다. 하지만, 이런 경우는 주로 법리를 잘 아는 세입자가 마땅히 이사할 곳이 없거나 딱히 이사할 이유가 없는 경우, 또는 이런 하자 때문에 시세 이하로 떨어질 것으로 예상해서 자신이 저렴하게 취득하려고 하는 경우에 이런 현상이 일어날 수 있다.

최선순위 전세권 이후의 임차인이 대항력이 있는 경우가 있다

건물 전체에 설정된 배당신청을 한 전세권이 최선순위여서 그 이후의 권리는 전부 말소가 되는 줄 알고 낙찰받았는데, 후순위의 임차인이 대항력이 있다고 한다. 그게 말이 될까?

1. 답부터 말하자면 말이 되는 경우가 있을 수 있다. 그러면 구체적으로 어떤 경우에 그럴 수가 있는지 살펴보자

비록 최선순위 전세권이 말소기준권리라 하더라도 2순위 임차권이 동일인이고 최선순위 전세권과 자신의 임차권 사이 다른 권리가 없는 상태에서 배당이 부족할 때, 이런 경우가 있을 수 있다(대법원2010마900). 따라서 최선순위 전세권이 말소기준권리고 2순위가 동일인의 임차권일 경우 꼭 배당 부족 여부를 확인해야 한다.

하지만 주의할 것은, 만약 자신의 최선순위 전세권이 없는 경우를 가정해 대항력이 없는 경우(즉, 자신의 최선순위 전세권과 임차권 사이 말소기준권리가 될 수 있는 다른 권리가 있는 경우)에는 최선순위 전세권자와 후순위 임차권자가 동일인이라 하더라도 부족한 배당금이 인수되지 않고 소제된다는 것을 알아야 한다.

2. 그럼 이런 경우를 당했을 때 어떻게 해야 할까?

이런 경우가 발생하는 이유는 매각물건명세서에 그 내용을 표시해야 하지만, 해당 경매계에서 이렇게 복잡한 법리 관계와 흔치 않은 판례를 알지 못하고 경매를 진행하는 경우가 있기 때문이다.

따라서 만약 이런 경우(전세권이 최선순위여서 그 이후의 권리는 전부 말소가 되는 줄 알고 낙찰받았는데 동일인인 후순위 임차인이 대항력이 있다고 하는 경우)를 당했다면 '지뢰를 밟았을 때의 대처 방법'에서와 같이 각 시점이나 상황에 따라 '매각불허가', '매각결정기일 출석해 진술', '매각허가결정에 대한 이의', '대금감액 신청 및 부당이득금반환청구' 등의 조처를 해서 구제받아야 할 것이다.

Q - 10

선순위 가등기가 무슨 가등기인지 어떻게 구분하나?

담보가등기인 경우는 낙찰받아도 된다고 하던데, 그럼 담보가등기와 소유권이전청구권가등기는 어떻게 구분해야 할까?

1. 먼저 가등기가 경료된 시점을 확인해야 한다

담보가등기 규정이 제정되기 이전(1983.12.31. 이전)에 경료된 가등기라면 이는 전부 소유권이전청구권가등기로서 배당받을 수 없으며, 따라서 이 경우의 가등기는 말소기준권리가 될 수도 없기 때문이다('가등기담보등에관한법률' 부칙 및 헌법재판소 결정). 다시 말해, 1983.12.31. 이전에 경료된 가등기라면 더 따져볼 것도 없이 말소되지 않는 소유권이전청구권가등기라는 것이다.

2. 그(1983.12.31.) 후에 경료된 가등기일 경우에는 가등기의 종류를 구분해야 한다

이때의 가등기는 그 내용이 담보가등기인지 소유권이전청구권가등기인지를 구분해야 하는데, 그 구분은 다음과 같이 해야 한다.

① 등기부 기재사항으로 분별한다(등기원인이 대물변제인 경우 등).

② 경매 법원의 문서송달내역으로 분별한다(가등기권자의 채권신고가 있는지의 여부).

③ 가등기 이후의 금융기관을 통해 확인한다(가등기 이후 금융기관 대출이 있을 시).

④ 가등기권자 등을 통해 확인한다(하지만 가등기권자를 통한 확인은 어렵다).

후순위 가처분이라도 낙찰자가 인수해야 하는 경우가 있다

어떤 경우의 가처분이 그렇고, 또 이때는 어떻게 해야 할까?

1. 인수해야 할 후순위 가처분으로는 ①예고등기성격이나 ②사해행위취소를 이유로 한 가처분 ③건물철거를 위한 가처분이다

예고등기는 그 제도를 악용하는 사례가 빈번함에 따라 2011.10.13.부로 폐지되고 이제는 그 역할을 가처분이 수행하고 있는데, 이는 경매 법원의 매각물건명세서에도 그 내용을 표기하고 있으며, 등기부에 경료되어 있는 피보전권리를 보면 알 수 있다. 참고로, 회생절차개시 후 관리인이 할 수 있는 부인권(채무자회생및파산에관한법률100조: 부인할 수 있는 행위)도 사해행위취소(민법406조: 채권자취소권)와 같은 권리다.

2. 이러한 가처분이 있을 경우에는 필히 그 가처분의 결과와 배당결과를 예측해본 후 입찰에 참여해야 한다

그 이유는 추후 가처분권자가 승소하면 소유권을 잃을 수가 있으므로 그때는 배당채권자로부터 불입한 금액에 대한 회수라도 어렵지 않게 해야 되기 때문이다. 따라서 인수해야 할 후순위 가처분이 있는 경우에는 필히 가처분권자가 승소할 경우와 패소할 경우를 가정해 그에 따른 배당예측까지 해야 한다.

참고로, 사해행위취소소송의 실질적인 쟁점(판단 기준)은 사해행위로 인해 이익을 얻는 수익자(제삼자)가 선의의 제삼자인지 아니면 그 행위가 채권자의 해함을 알고 한 악의인지에 의해 판단되는데, 그 이유는 채무자는 그 행위가 장래 채권자를 해할 수 있다는 것을 모를 리가 없으므로 일단 악의로 간주되기 때문이다. 따라서 사해행위취소소송을 제기하면 그 상대인 수익자(제삼자) 자신이 선의라는 것을 스스로 입증해야 하기 때문에 만약 사실이 아니라면 선의라는 것을 인정받기가 그리 쉽지 않은 것이 사실이다(민법 제406조, 407조 외 대법원판례).

선순위 저당권 이후의 임차인이 대항력이 있는 경우가 있다

선순위 저당권이 있다면 그 이후의 권리는 특별한 가처분(예고등기형식, 사해행위취소, 건물철거) 외엔 무조건 말소되는 것이 아닌가?

1. 선순위 저당권 이후의 임차인이 대항력이 있는 경우는 과연 어떤 경우일까?

선순위 저당권이 말소되지는 않았지만, 그 저당권이 담보하는 채권이 완제되고 없는 경우다. 대개 저당권자가 최선순위임에도 불구하고 경매 신청은 물론 채권계산서도 제출하지 않은 경우가 그런 경우다. 이때는 말소기준권리가 무효에 기한 것이므로 임차인은 배당신청은 논외로 하고 대항력을 행사할 수 있다(대법원97다26104).

2. 그러면 이런 경우는 어떻게 확인해야 할까?

이런 경우 경매 법원에서는 매각물건명세서상 그 내용을 공시하고 있다(예: 부산6계2016타경103827). 따라서 경매 입찰 시에는 필히 매각물건명세서를 자세히 봐야 하며, 만약 매각물건명세서상의 내용과 등기부등본상의 내용이 다를 경우에는 해당 경매계에 그 내용을 확인하거나 아니면 매각물건명세서상의 내용대로 분석하는 것이 안전하다.

하지만 경매 법원에서도 조사가 완벽하게 되지 않는 경우가 있는데, 이때는 ①저당권자가 최선순위임에도 불구하고 경매 신청자가 아닐 경우 채권계산서를 제출했는지를 확인하고 ②채권계산서를 제출하지 않았다면 채권의 존재 여부를 저당권자에게 직접 확인해야 한다.

3. 만약 이런 물건을 낙찰받았을 경우 어떻게 해야 할까?

대항력이 없는 임차인으로 알고 낙찰받았으나 나중에 대항력이 있는 것으로 판명되고, 매각물건명세서상에 임차인의 대항력에 관한 기재가 없었다면 매각불허가 신청 또는 매각허가 결정에 대한 이의를 제기할 수 있다(민사집행법121조). 더 자세한 대처 방법은 '지뢰를 밟았을 시'를 참조하기 바란다.

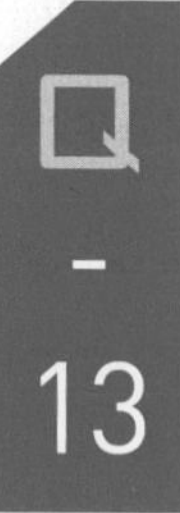

선순위 임차인이 배당신청을 한 경우, 입찰자가 매각물건의 당초 소유권이전 원인까지 조사해야 한다

매각물건의 당초 소유권이전 원인이 일반매매든 경·공매에 의한 것이든 낙찰자가 무슨 상관일까?

선순위 임차인이 배당신청을 했다고 하더라도 배당받지 못하는 경우가 있는데, 그것은 미리 헤아릴 수 없는 대항력을 인수해야 하기 때문이다.

만약 경매 물건 소유자의 소유권이전 원인이 매매가 아닌 경·공매일 경우 임차인이 전 경매 사건에서 배당요구를 했다면 그때 제출한 임대차계약서에 있는 확정일자의 효력(우선변제권)은 배당을 받든 못 받든 소멸되고(대법원2005다21166) 대항력만 남게 되는데, 이런 경우 아예 배당대상이 아님에도 불구하고, 언뜻 보기에 전입 시점과 확정일자가 최선순위고 적기(배당요구종기 내)에 배당신청까지 했으므로 당연히 배당을 받고 소멸할 것으로 판단하기 쉽다.

한편 대항력 취득시점에 있어서는, 소유권이전 원인이 경·공매일 경우 선행 경매 사건의 임차인의 대항력은 일반매매에 의한 점유개정 시 전 소유자의 대항력(소유권이전일 익일 0시)과는 달리 낙찰자의 낙찰대금 납부(소유권이전)와 동시(선·후가 없다)에 취득한다(대법원99다59306, 98다32939, 대법원 2002다38361).

따라서 선순위가 임차인이고 당초 소유권이전 원인이 경·공매인 경우에는 각별한 주의가 요구된다. 즉, 이런 경우에는 이전 경매 사건에서 배당신청을 했는지(우선변제권을 행사했는지) 아닌지를 살펴야 한다.

Q - 14

선순위의 인수할 보증금이 있는 경우, 마냥 좋지만은 않다

선순위의 인수할 보증금이 있는 경우, 초기 투입 자금도 적고 취득세도 절감되어 마냥 좋은 줄로만 알았는데 그게 아니라고?

선순위의 인수할 보증금이 있는 경우 낙찰가가 낮아지는 만큼 초기자금의 투입이 절감되는 이점이 있지만, 이는 일반매매에 있어 전세를 안고 매입하는 것과 같은 것이어서 원칙적으로 이 부분에 대한 취득세도 납부해야 한다.

따라서 추후 양도 시 양도소득세를 대비(취득원가로 계상)하기 위해서 등기 시 미리 신고납부를 하거나 아니면 추후 명도 시 지급하는 보증금에 대한 취득세를 추납해야 하며, 이때 반드시 인수내역과 지급하는 보증금에 대한 영수확인서를 구비해야 한다.

> ☞ **조심2010지129(2010.03.29) – 인수한 보증금을 취득세 과세표준에 포함해야 한다.**
>
> 부동산을 경매로 취득할 때 경락인은 대항력 있는 임차인에게 지급할 임차보증금에 대한 채무를 인수하는 것이고 대항력 있는 임차인은 추후 경락인에게 임차보증금의 반환을 청구할 수 있다. 그렇기에 부동산을 취득하는 데 소요된 비용으로 보아야 할 것으로 과세표준에 포함한 처분은 적법하다.

공장저당권과 일반저당권의 효력 범위가 다르다

기계설비가 있는 공장물건인 경우 저당권의 종류를 잘 파악할 필요가 있는 것은 왜 그럴까?

그것은 공장재단과 공장이 차이가 있고, 공장저당권(공장저당법)과 일반저당권(민법)의 효력 범위가 다르기 때문이다.

공장저당법(공장 및 광업재단 저당법)상 기계·시설에 공장저당권의 효력이 미치기 위해서는 공장저당목록에 포함되어야 한다. 그러므로 일반적으로 은행에서 사업자에게 대출할 때는 기계 및 시설까지 담보를 취득하기 위해 대출 당시 또는 추후 기계시설을 할 때도 공장저당의 목록에 추가하고 있다. 그러나 개인이 공장을 담보로 사업자에게 대출할 때는 민법상의 일반근저당을 설정하는 것이 통상적이기 때문인데, 이는 NPL 거래 시 더욱 중요시되는 차원 높은 지식이다.

만약 공장저당법에 의한 공장저당이고 기계설비가 저당목록에 포함되지 않은 경우 추후 기계의 소유권을 잃을 수도 있다(매각대금의 회수는 별론으로 하고). 그러나 민법에 의한 일반저당일 경우에는 비록 목록에 없어도 부합물로 소유권을 취득하기 때문이다(물론 이때도 양도담보물건 또는 제삼자 소유의 물건일 경우는 제외된다).

☞ 대법원94다6345: 공장저당법에 의한 공장저당권과 민법상의 일반저당권의 효력 범위 구분

3) 공장저당법에 의한 공장저당을 설정할 때 공장의 토지, 건물에 설치된 기계, 기구 등은 같은 법 제6조 소정의 기계, 기구 목록에 기재해야만 공장저당의 효력이 생기나, 공장저당법과는 달리 공장건물이나 토지에 대해 민법상의 일반저당권이 설정된 경우에는 공장저당법과는 상관이 없으므로 목록의 작성이 없더라도 그 저당권의 효력은 민법 제358조에 의해 당연히 공장건물이나 토지의 종물 또는 부합물에까지 미친다. 따라서 은행은 공장저당을 설정했다면 담보관리에 주의를 기해야 한다.

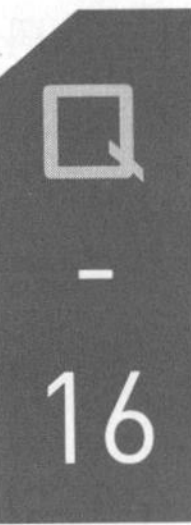

집합건물을 낙찰받아 독점업종약국 영업을 할 수도 있나?

분양건물을 낙찰받아 독점업종 영업이 가능하다? 어떤 분은 된다고 하고 또 어떤 분은 안 된다고 하는데 어느 것이 맞는 걸까?

① 분양계약서상에 업종지정이 되어 있을 경우 최초 수분양자와 그에 따른 입점자가 독점적지위권(독점업종운영)을 가질 수가 있다. ② 사후에 구성된 상가운영위원회에서 적법하게 작성한 관리규약에 호수별 업종지정이 되어 있고 "업종변경 시는 상가관리위회의 동의를 받아야 한다"라는 규정이 있을 경우 독점적 지위권(독점 업종운영)을 가질 수가 있다. 따라서 분양건물에서 독점지위권을 원할 시는 필히 분양계약서, 관리규약 등을 확인해야 한다[물론 이는 채권적 효력이어서 추후 변경된 소유자의 소유권(절대권)에 대한 제한과 상충되는 부분이 있어 절대적인 것은 아니다].

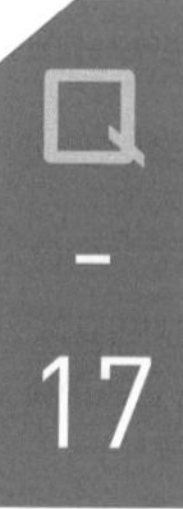

대체 권리분석은 언제 어떻게 해야 하며 몇 번을 해야 할까?

1. 권리분석은 최소한 시점별로 5번 이상을 해야 한다

그래야 물건 훼손 및 권리변동이 있을 시 입찰 전이라면 입찰을 포기하거나, 낙찰 후라면 불측의 손실에 대해 실기하지 않고 치유(대처)가 가능할 수가 있기 때문이다. 그러면 시점별 수행해야 할 권리분석 내용을 살펴보기로 하자.

인수주의와 소제주의의 종합도해

선순위	※원칙: 인수주의 적용	등기권리	• 각종 용익물권[경매 신청이나 배당신청을 하지 않은 전세권, 지상권(구분지상권 포함), 지역권(단, 추후 승역지의 경매 시 후순위일 경우에는 소제)], • 예고등기, • 보전가등기, • 환매등기, • 가처분등기, • 배당이 완결되지 않은 임차권등기, • 기타 인수주의 조건으로 매각한 권리(토지별도등기, 전소유자에 대한 가압류 등)
		등기외권리	• 법정지상권, • 관습상지상권[건물지상권, 분묘기지권, 등기된 입목], • 유치권(성립 시), • 배당이 완결되지 않은 대항력 있는 미등기임차권, • 체납관리비(공용부분), • 위법건축물에 대한 처분 및 장래의 과태료

구분			내용
선순위	※예외: 소제주의 적용		• 경매(배당) 신청한 전세권[건물의 전부 or 일부를 불문한다(단, 배당부족 시 법원은 인수주의 매각 or 매각취소를, 전세권자는 매각불허가 신청이 가능)] • 선순위 가처분이 소제되는 경우: 그 목적을 달성한 경우(*단, 배당에 있어서는 가처분의 순위보전의 효에 의해 가처분 시의 순위에 의한다.)
말소기준권리 (우측 중 최초) : 소제주의			• 저당·근저당권(잔존채권이 있는 것), • 압류·가압류, • 경매개시기입등기, • 담보가등기, • 요건(건물 전체에 설정+경매 신청/배당신청)을 갖춘 전세권(배당부족시 법원은 인수주의나 매각취소, 전세권자는 매각불허가 신청 가능)
후순위	※원칙		말소기준권리 이후의 모든 권리는 소제주의를 적용한다.
	※예외: 인수주의 적용	등기권리	• 예고등기(현재는 폐지됨), • 피보전권리가 건물철거를 위한 가처분, • 예고등기성격의 권원(소유권)을 다투는 후순위 가처분, • 선순위 저당권의 채권이 변제된 경우의 후순위 가처분, • 1999.2.27.이후 설정된 특수구분지상권(도로,철도,전기등) ☞ '도시철도법 등에 의한 구분지상권 등기규칙 4조', • 요역지에 설정된 지역권(단, 추후 승역지의 경매 시 후순위일 경우는 소제)
		등기외권리	• 법정지상권, • 관습상지상권[건물지상권, 분묘기지권, 등기된 입목], • 유치권(성립 시), • 위법건축물에 대한 처분 및 장래의 과태료, • 전세권이 말소기준권리이고 2순위가 동일인의 임차권이나 배당부족 시, • 체납관리비(공용부분)

※각종 인허가가 필요한 사업을 승계코자 하는 경우: 기존 권리·의무 또는 지위가 승계

2. 입찰 전 권리분석

최초의 정밀 권리분석으로 시세 조사 등 가장 많은 노력을 필요로 하는데, 이때 필히 직접 등기부등본을 발급해 확인해야 한다. 경매 법원에서 제공하는 사건내역의 당사자 내역에는 ① 경매개시기입등기 이전 등기부상에 등기가 경료된 당연 배당권자와 ② 배당요구종기까지 배당신청을 한 채권자가 표시되고, 경매개시기입등기 이후의 등기부 기재사항은 당사자 내역에 기록되지 않기 때문이다.

그리고 입찰 전일과 입찰장(경매 법정 입구 매각사건목록표)에서도 경매 진행 여부를 확인해야 하는데 그 이유는 입찰일 아침까지도 취소, 취하, 연기, 유치권신고 등이 있을 수 있기 때문이다.

3. 낙찰 직후 권리분석(최고가매수신고인이 되었을 시)

혹 그간 간과한 부분은 없는지, 낙찰 이후 물건의 훼손이나 권리변동은 없는지를 확인해 만약 실수로 간과한 부분이 있거나 물건의 훼손 또는 권리변동이 있을 시 매각불허가 신청(민사집행법 121조)을 해서 위험을 회피하도록 한다.

4. 매각허가결정 이후: 대법원1998.8.24.자 98마1031 결정(낙찰허가 결정취소기각)

이는 낙찰 직후의 권리분석과 같은 이유이며, 만약 간과한 부분이 있을 시(속칭 '지뢰를 밟았을 시') 매각허가결정취소신청 또는 즉시항고 등의 조치를 취하도록 한다.

5. 매각잔금납부 직전 권리분석

이는 흡사 부동산 매매대금 잔금지급 시 다시 한번 집을 둘러보고 등기부를 열람해서 확인한 후, 대금을 정산하는 것과 같이 사실상 경매에서의 마지막 권리분석작업이다. 필히 현장을 확인해 물건 현상을 다시 확인한 후, 등기부등본을 발급해 낙찰 이후 권리변동이 있는지를 점검하는 절차다.

그리해 만약 물건 훼손 및 권리변동이 있을 시, 매각허가결정에 대한 이의(취소)신청 또는 민법578조에 의한 담보책임(대금감액청구, 계약해제)을 행사하도록 한다.

6. 매각잔금납부 직후(선의: 안 날로부터 1년 이내/악의: 계약한 날로부터 1년 이내)

비록 매각대금 납부 이후라 할지라도 당초 매각물건명세서상에 없었던 중대한 권리의 하자가 발견되거나 매각물건명세서상의 기록 및 매각대금납부 시까지 신청(주장)이 없었던 유치권이 최종 성립하는 것으로 결론(판결)이 나는 등, 아주 특별한 경우에는 민법578조(경매와 매도인의 담보책임)에 따라 다음과 같은 조치를 취하도록 한다.

1) 채무자(소유자)에 대해

채무자(소유자)에 대해는 '권리의 하자(예: 대항력 있는 임대차의 존재)로 인한 매매계약의 해제와 그에 따른 낙찰대금의 반환 및 손해배상청구' 또는 대금감액청구를 한다. 하지만 채무자에 대한 것은 실효성이 없다.

2) 배당 채권자에 대해

배당 채권자에게는 낙찰대금의 배당 전이라면 경매 법원을 상대로 '권리의 하자(예: 대항력 있는 임대차의 존재)로 인한 매매계약의 해제와 그에 따른 낙찰대금의 반환'을 청구해 배당 재단에서 반환받고, 낙찰대금의 배당 후라면 배당 채권자를 상대로 '권리의 하자로 인한 매매계약의 해제와 그에 따른 낙찰대금의 반환'을 청구해 배당금에서 반환받는다.

3) 경매 신청 채권자에 대해

경매 신청 채권자에게는 배당 채권자의 경우와 같은데, 경매 신청 채권자 역시 배당 채권자기 때문이다. 이때 만약 '권리의 하자(예: 대항력 있는 임대차의 존재)'를 알면서 경매 신청을 했을 시는 이와는 별도로 손해배상청구를 할 수도 있다.

4) 경매 담당공무원의 과실이 있는 경우

참고로, 만약 경매 담당공무원의 과실이 있는 경우, 경우에 따라서는 국가를 상대로 하는 손해배상을 청구할 수도 있다. 하지만 이를 인용한 경우는 드물다.

민법상 매도인의 담보책임 요약도표

(*△는 당해 하자로 인해 계약의 목적을 달성할 수 없는 경우에만 행사 가능)

담보책임의 대상 (민법조항)		매수인의 선의·악의	담보책임의 내용: 계약해제	담보책임의 내용: 손해배상	담보책임의 내용: 대금감액	제척기간 (손해배상청구권: 10년)
권리의 하자	권리의 전부가 타인에게 속한 경우(제570조, 제571조)	선의	O	O	-	제한 없음
		악의	O	X	-	제한 없음
	권리의 일부가 타인에게 속한 경우(제572조, 제573조)	선의	△	O	O	안 날로부터 1년
		악의	X	X	O	계약한 날로부터 1년
	수량부족·일부멸실의 경우(제574조)	선의	△	O	O	안 날로부터 1년
		악의	X	X	X	
	제한물권(지상권, 지역권, 전세권, 질권, 유치권)에 의한 제한이 있는 경우(제575조)	선의	△	O	-	안 날로부터 1년
		악의	X	X	-	*즉, 매각물건명세서(현황조사서)상 유치권에 관한 기록이 있었던 경우
	저당권·전세권에 의한 제한이 있는 경우(제576조)	선의	△	O	-	제한 없음 / * 전세권은 위(제575조)와 조금 다른 내용으로 중복해 규정
		악의	△	O	-	제한 없음 / * 전세권은 위(제575조)와 조금 다른 내용으로 중복해 규정
물건의 하자 (*경매에서는 적용 제외)	목적물(특정물)의 하자인 경우 (제580조, 제582조):	선의+무과실	△	O	-	안 날로부터 6월
		악의 or 과실	X	X	-	
	종류물의 하자인 경우 (제581조) *종류로 지정한 경우라도 특정물일 경우 ⇒ 위 조항 적용	선의+무과실	△	O	-	안 날로부터 6월
			또는 하자 없는 물건 청구			
		악의	X	X	-	

※경매와 매도인의 담보책임(제578조)

① 경매의 경우에는 경락인은 전 8조(제570조~제577조)의 규정에 의해 채무자에게 계약의 해제 또는 대금감액의 청구를 할 수 있다.

② 전 항의 경우에 채무자가 자력이 없는 때에는 경락인은 대금의 배당을 받은 채권자에 대해 그 대금 전부나 일부의 반환을 청구할 수 있다.

③ 전 항의 경우에 채무자가 물건 또는 권리의 흠결을 알고 고지하지 않거나 채권자가 이를 알고 경매를 청구한 때는 경락인은 그 흠결을 안 채무자나 채권자에게 손해배상을 청구할 수 있다.

※ 경매에 있어서의 매도인의 하자담보책임

경매에서는 권리 하자에 대해만 매도인의 담보책임이 있고, 물건에 대한 하자담보책임은 없다. 따라서 물건에 대한 하자에 대해서는 매각물건명세서(민·집·법 제105조), 매각허가에 대한 이의신청(민·집·법 제121조), 매각허가결정의 취소 신청(민·집·법 제127조), 즉시항고(민·집·법 제129조), 매각허가 여부에 대한 항고(민·집·법 제130조) 등으로 해결해야 한다.

Q-18 말소기준권리는 왜 꼭 뒤에 있는 권리와 동반자살을 하려는 걸까?

1. 말소기준권리의 의의(민사집행법 제91조: 인수주의와 잉여주의의 선택 등)

경매의 궁극적인 목적은 어떤 형태든(즉, 강제경매든 임의경매든) 채무자에 대한 채권자의 채권회수에 그 목적이 있을 것이므로 경매 진행 결과 대상물건이 매각되어 사라지면(즉, 새로운 소유자를 만나게 되면) 채권회수를 목적으로 하는 권리들은 자신이 목적하는 바를 충분히 달성했든 안 했든 간에 그 주체가 없어졌으므로 그 물건에 남아 있을 수가 없으며, 따라서 이런 이유로 말소되어야 한다.

그러면 이때 채권회수를 목적으로 하는 권리 자신만 소멸되면 되지, 왜 그 이후의 권리까지 모두 같이 소멸되어야 하는 걸까? 압류·가압류야 잘 아는 바와 같이 처분 금지적효가 있으므로 그 이후 성립된 권리를 따질 필요가 없겠지만, 예를 들어 저당권의 경우를 보자. 경매 물건상에 가장 먼저 저당권이 설정되었을 때 설정 당시에는 아무런 제한물권이 없는 상태에서 담보 가치를 평가해 그에 상응하는 대부행위를 하고 그 이후에 지역권 등 제한물권들이 설정되고 그 담보 물건이 경매가 진행된다고 하자.

이때 만약 매각된다 해도 저당권 이후의 제한물권들이 말소되지 않는다면 그로 말미암아 담보물건의 낙찰가는 너무 부당하게 하락될 것이고 그에 따라 저당권자는 당초 대부행위 시 자신이 전혀 의도하지 않았던 후발적인 사유로 인해 이유 없이 불측의 손해를 입게 될 것이다. 따라서 이런 이유로 담보물건이 낙찰되면 저당권 이후의 권리는 더 이상 남아 있어서는 안 될 것이어서 소멸될 것이다. 그에 따라 담보물건은 정상가격으로 낙찰될 것이고, 동시에 새로운 소유자인 제삼자의 물건에 남아 있을 이유 또한 없으므로 매각업무를 주관한 법원이 이를 말끔히 정리(소제)해 깨끗한 상태로 신소유자에게 소유권을 넘겨줘야 한다.

하지만 그렇다고 하더라도 말소기준권리 이전에 이미 성립된 권리는 이유 없이 소멸되면 안 될 것이므로 이런 권리는 인수주의가 적용되어 인수되고, 그 이후의 권리만 소제주의가 적용되어 말소되는 것이다.

2. 말소기준권리가 될 수 있는 권리의 종류

앞에서 말하는 말소기준권리가 될 수 있는 권리로는 채권의 회수를 목적으로 하는 권리인 저당권(근저당권), 압류등기, 가압류등기, 담보가등기, 경매개시기입등기가 있다.

그런데 확정일자부임차권도 우선변제권을 부여해 물권적 권리와 더불어 배당신청 시는 채권회수에 목적이 있는 권리임에도 말소기준권리가 될 수 없는 것은, 확정일자의 공시방법이 불명확한 측면이 있을 뿐 아니라 더 중요한 것은 확정일자 임차인의 배당요구 여부에 따라 인수되는 권리와 최우선변제기준이 달라지는 관계로 매우 불안정하고 혼란스럽게 되기 때문이다.

예상 명도비를 계산하려면 먼저 배당분석을 철저히 해야 한다

예상 명도비를 계산하려면 먼저 배당을 받는지, 못 받는지를 따져봐야 하는데(배당분석), 어떻게 해야 배당분석을 정확히 하는 걸까?

이해관계인(배당대상채권자)뿐만 아니라 낙찰받으려 하는 예비입찰자도 합리적인 입찰가를 산정하기 위해서는 예상 명도비를 계산한 후 입찰에 참여해야 하는데, 예상 명도비를 산출하기 위해서는 먼저 점유자가 배당을 받는지를 따져봐야 한다. 그런데 권리가 복잡한 경우 경매 법원의 배당표도 잘못 작성되는 경우가 있을 수 있으므로 각별한 주의가 필요하다. 특히 공동담보물건인 경우에는 배당분석이 난해하므로 이런 물건의 차순위자의 배당 시에는 더더욱 각별한 주의가 필요하다. 따라서 정밀배당분석을 해서 자신에게 불리하게 배당이 될 시에는 배당이의를 제기해야 한다.

☞ 민사집행법 149조에서는 배당기일 3일 전에 배당표를 작성해 비치하게 되어 있으나, 실무에서는 배당이 난해한 경우 민사집행법에서 규정한 3일 전이 아닌 배당기일 당일 오전이 되어도 배당표를 확정 짓지 못한 경우, 혹은 그나마 작성한 배당표가 잘못 작성된 경우를 필자는 종종 봐왔다.

1. 저당권 등(저당권·질권·전세권·담보가등기·배당대상임차권)이 없는 경우의 배당순위표

*이때는 저당권 등이 없는 관계로 순위가 명쾌해 상호 충돌은 발생하지 않는다.

Ⅰ 배당가용금액의 산출(낙찰가-공익비용)

<table>
<tr><td rowspan="2">공익
비용</td><td rowspan="2">0
순위</td><td>0-1</td><td>무배당 자력공제: ◎경매 비용(공익비용)</td></tr>
<tr><td>0-2</td><td>무배당 인정공제: ◎필요비·유익비(제3취득자의 비용상환청구권)</td></tr>
</table>

Ⅱ 배당대상권리 성립시기별 정렬 (*정렬기준 ▷조세·공과금:법정기일 ▷임차권: 성립일)
*가압류가 있는 경우의 우선배당: ①가압류 이후 안분 ⇒ ②아래 순위별로 배당정리(흡수)

<table>
<tr><td rowspan="9">Ⅲ 배당실시[최우선변제→순위별 우선배당]</td><td rowspan="2">1순위
(특배1):
(소액최우선
변제)</td><td colspan="2">◎배당신청을 한 주임법상 대항요건을 갖춘 소액임차보증금 중 일정액(한도: 배당가용액×1/2)
◎배당신청을 한 상임법상 대항요건을 갖춘 소액임차보증금 중 일정액(한도: 배당가용액×1/2)</td><td>*소액임차보증금 외 확정일자부 배당대상임차권은 담보물권과 유사하게 취급되어(대법원92다30597) '저당권 등이 있는 경우'의 배당에 적용된다.</td></tr>
<tr><td colspan="2">◎최종 3개월분 급여·최종 3년간 퇴직금
◎재해보상금</td><td rowspan="2">*전체임금채권 배당 부족 시를 위해 최우선임금채권과 일반임금채권을 구분</td></tr>
<tr><td>2순위:
(일반임금채권)</td><td colspan="2">◎최종 3개월분 임금·최종 3년분 퇴직금을 제외한 일반임금·퇴직금 ◎기타 근로관계로 인한 채권</td></tr>
<tr><td rowspan="4">3순위:(조세채권)</td><td>(1순위)</td><td colspan="2">◎당해세
(국세): 상속세·증여세, 종부세(분리과세분),
토·초·세('90.1.1. 시행~'98.12.28 폐지)
(지방세): 재산세(분리과세분), 자동차세, 도시계획세, 공동시설세,
재산세·자동차세에 부과된 지방교육세와 가산금</td></tr>
<tr><td>(2순위)</td><td colspan="2">◎납세담보 조세·관세</td></tr>
<tr><td>(3순위)</td><td colspan="2">◎압류조세·관세: 압류 선착순</td></tr>
<tr><td>(4순위)</td><td colspan="2">◎기타조세(그 외의 교부청구 및 참가압류 조세): 평균배분</td></tr>
<tr><td>4순위:
(공과금)</td><td colspan="3">(4대보험): 산재보험, 국민건강보험, 국민연금보험, 고용보험</td></tr>
<tr><td>5순위:
(일반채권)</td><td colspan="3">◎일반채권(차용증, 보관증, 약속어음, 각서, 합의서, 대항력·확정일자 없는 임대차계약서),
◎임금채권의 지연손해금
◎재산형·과태료, ◎국유재산법상의 사용료·대부료 등</td></tr>
</table>

2. 저당권 등(저당권 · 질권 · 전세권 · 담보가등기 · 배당대상임차권)이 있는 경우의 배당순위표

I 배당가용금액의 산출(낙찰가 - 공익비용)

<table>
<tr><td rowspan="2">공익 비용</td><td rowspan="2">0 순위</td><td>0-1</td><td>무배당 자력공제: ◎경매 비용(공익비용)</td></tr>
<tr><td>0-2</td><td>무배당 인정공제: ◎필요비·유익비(제3취득자의 비용상환청구권)</td></tr>
</table>

II 배당대상권리 성립시기별 정렬(*정렬기준 ▷조세·공과금: 법정기일 ▷임차권: 성립일)
*가압류가 있는 경우의 우선배당: ①가압류 이후 안분 ⇒ ②아래 순위별로 배당정리(흡수)

<table>
<tr><td rowspan="9">III 배당실시 [배당순위별 정리 (순위충돌 시 ☞ 순환배당)]</td><td rowspan="3">특별우선배당</td><td rowspan="3">성립시기무관</td><td colspan="2">1순위(특배1):
(소액최우선변제)
*보증금기준이동
(금액확장) 유의</td><td>◎배당신청을 한 주임법상 대항요건을 갖춘 소액임차보증금 중 일정액(한도: 배당가용액×1/2)
◎배당신청을 한 상임법상 대항요건을 갖춘 소액임차보증금 중 일정액(한도: 배당가용액×1/2)
◎최종 3개월분급여·최종3년간 퇴직금, ◎재해보상금</td></tr>
<tr><td colspan="2" rowspan="2">2순위(특배2):
(당해세)</td><td>◎국세: (담보물권설정당 시 기개시된)상속세·증여세, 종부세(분리과세분), 토·초·세('90.1.1.~'98.12.28)</td></tr>
<tr><td>◎지방세: 재산세(분리), 자동차세, 도시계획세, 공동시설세, 재산세·자동차세에 부과된 지방교육세와 가산금</td></tr>
<tr><td rowspan="6">우선배당</td><td rowspan="6">성립시기별</td><td rowspan="2">성립시기무관</td><td>3순위:
(선순위조세)</td><td>◎법정기일이 저당권 등(저당권·담보가등기·전세권·질권)과 같거나 그보다 앞서는 조세·관세: 국세기본법 제35조 제1항 제3호</td></tr>
<tr><td>4순위:
(선순위공과금)</td><td>◎납부기한이 저당권 등과 같거나 그보다 앞서는 공과금
(4대보험: 산재보험, 국민건강보험, 국민연금보험, 고용보험)</td></tr>
<tr><td colspan="2">5순위:
(담보물권 및 의제물권)</td><td>◎담보물권(저당권,질권,담보가등기)에 의해 담보된 채권
(*단, 승소한 가처분에 의한 권리인 경우의 성립시기: 가처분시점)
◎전세권(*건물 전체+최선순위+경매 신청/배당신청=말소기준)
◎배당대상임차권[▷등기임차권 ▷미등기(확정일자)임차권]</td></tr>
<tr><td rowspan="3">성립시기무관</td><td>6순위:
(일반 임금채권)</td><td>◎최종3개월분 임금·최종3년분 퇴직금을 제외한 일반임금·퇴직금,
◎기타 근로관계로 인한 채권</td></tr>
<tr><td>7순위:
(후순위조세)</td><td>◎법정기일이 저당권 등(저당권·담보가등기·전세권·질권) 보다 뒤서는 조세·관세</td></tr>
<tr><td>8순위:
(후순위공과금)</td><td>◎납부기한이 저당권 등(위 각종) 보다 뒤서는 공과금
(4대보험: 산재보험, 국민건강보험, 국민연금보험, 고용보험)</td></tr>
</table>

	시기무관	9순위: (일반채권)		◎일반채권(차용증, 보관증, 약속어음, 각서, 합의서, 대항력·확정일자 없는 임대차계약) ◎임금채권의 지연손해금 ◎재산형·과태료 ◎국유재산법상의 사용료·대부료 등
Ⅳ ※관계자 간 최종 정리 (금액 확정)	1. 순환배당	위 순위별 배당 시 각 개별법에 따라 상호 순위가 충돌할 시 실시		
	2. 조세와 공과금	1)조세 ⇔ 공과금 간		조세우선의 원칙에 따라 조세가 부족액을 흡수
		2)동과목 상호 간	조세	① 당해세 ⇒ ② 납세담보 ⇒ ③ 압류선착 ⇒ ④ 평균배분
			공과금	공과금 상호 간: 평균배분

Q-20 임금채권은 과다하게 청구되는 경우가 많다는데 어떻게 확인하지?

임금채권은 과다하게 청구되거나 때로는 허위로 청구되는 경우도 있으므로 배당채권자 등의 이해관계인일 경우 다음 각 항목을 점검해 배당이의를 제기할 수도 있다.

1. 매각대상 부동산 소유자(회사)의 직원이 아닌 임차인(회사)의 직원인 경우: 해당 안 됨

2. 임금채권 소명 여부를 점검한다

만약 임금채권자가 경매개시기입등기 전 가압류만 경료하고 배당표 확정 시까지 임금채권자임을 소명하지 않았을 시는 일반채권으로 안분배당을 받는다(대법원2002다52312).

3. 임금채권 청구내용(청구금액)의 적정성을 점검해 필요 시 배당이의를 제기한다

노동부지방관서의 체불임금확인서 및 고소장, 회사장부(근로자명부, 임금대장, 원천징수부), 임금 입금계좌 및 입금통장 내역, 갑근세 신고서, 기타 관련 기관 증명서류(관할 세무서장이 발급한 근로소득세 납부확인서, 국민연금공단이 발급한 국민연금보험료 납부확인서, 국민건강보험공단이 발급한 국민건강보험료 납부확인서) 등으로 임금채권 청구내용(청구금액)의 적정성을 검토해 의심이 가는 부분이 있으면 배당의의를 제기한 다음 누락된 문서를 추가로 제출하게 해서 다시 정밀 점검을 한다.

Q - 21

같은 물건인데 토지와 건물의 권리도 배당도 다를 수가 있다

다음 분석표에서 보듯이 토지와 건물의 권리가 다를 경우 배당분석 또한 달라져 다 같이 압류(가압류)를 했다면 배당을 받을 수 있었음에도 불구하고 배당을 받지 못하는 경우가 있기 때문이다. 심지어 때로는 토지와 건물 중 어느 하나에 인수권리가 있을 수도 있으며, 따라서 토지와 건물의 분석을 따로 하는 것은 물론 여러 필지가 동시에 매각될 경우에는 필히 필지별로 권리분석과 배당분석을 해야 한다.

(단위: 원)

순위	권리내용	구 분		매각가액:100,000 ➡ 배당		비 고
		토지	건물	토지(60%) : 60,000 ⬇	건물(40%) : 40,000 ⬇	
1	근저당설정A	60,000		60,000	0	나대지 상태에서 설정
2	임차인:10,000			0	10,000	건물신축 및 임대
3	가압류A	10,000		0	0	토지에만 가압류 설정
4	압류(국세)	10,000	10,000	0	~~7,500~~ ➡ 10,000	가압류에 의한 안분배당 후 후순위로 부터 부족액 흡수
5	압류(지방세)	5,000		0	0	토지에만 압류
6	근저당설정B	20,000	20,000	0	~~15,000~~ ➡ 20,000	가압류에 의한 안분배당 후 선 순위조세에게 부족액 흡수당함
7	가압류B	10,000	10,000	0	~~7,500~~ ➡ 0	안분배당 후 선순위조세와 선순위근저당B에게 흡수당함

*분석: 토지와 건물을 별도로 분석해야 한다.
3(가압류A): 건물에 가압류를 하지 않았기 때문에 배당 불가(간혹 이런 경우가 있다)
5(압류:지방세): 〃 (〃)

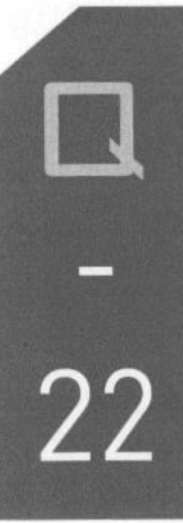

어떻게 낙찰자인 나의 동의도 없이 경매가 취하될 수 있는가?

물건이 맘에 들어 낙찰받았는데 경매가 취하되었다. 어떻게 낙찰자인 나의 동의도 없이 경매가 취하될 수 있을까?

공매에서는 매각의 확정성이 강해 매각결정 이후에는 낙찰자의 동의 없이는 공매를 취하할 수가 없지만, 경매에서는 낙찰자의 동의 없이도 경매가 취하되는 경우가 있다. 따라서 우량물건일 경우에는 매각대금 납부통지가 오면 서둘러 잔금을 납부하는 것이 안전하다. 그러면 낙찰자의 동의 없이 경매가 취하될 수 있는 경우를 보기로 하자.

1. 경매 취하의 원칙(민사집행법 93조: 경매 신청의 취하)

원칙적으로 경매 신청의 취하는 최고가매수신고인 및 차순위매수신고인의 동의를 받아야 한다. 하지만 판례에서는 변제, 취소판결 등 여러 가지의 경우 최고가매수인 및 차순위매수신고인의 동의가 없는 경우에도 '경매개시결정에 대한 이의(민·집·법86조)' 또는 '청구 이의의 소(민·집·법 제44조)'를 제기해 경매를 취하할 수 있는 것으로 하고 있다. 그러나 설령 그렇다 하더라도 매각된 이후 채무변제 등에 따른 채무자의 신청이 아닌 경매 신청인이 아무런 이유(즉, 근저당권말소, 변제증서, 매각절차상의 하자) 없이 스스로 취하를 신청하는 경우에도 최고가매수인의 동의 없이 취하를 허용한 판례는 아직 없다.

2. 취하 시 최고가매수신고인 및 차순위매수신고인의 동의가 필요 없는 경우

1) 임의경매 시(민·집·법 제265조, 266조, 86조)

경매 신청 채권자와 합의가 된 경우에는 근저당권이 말소된 등기부등본 또는 채권자의 경매 취하서를 첨부한 '경매개시결정에 대한 이의신청서'를 경매 법원에 제출해 경매 취소결정 및 경매기입등기 말소촉탁을 한다.

경매 신청 채권자와 합의가 되지 않은 경우에는 먼저 변제공탁을 하고(신청채권자와 합의가 되지 않으므로 '공탁'을 할 수밖에 없다) '근저당권설정등기말소청구의 소'를 법원에 제기한 후 '소제기증명'을 첨부해 해당 경매계에 경매 절차정지신청을 하면 경매 법원에서는 경매 절차정지결정을 하고 경매 절차를 정지한다.

이후 '근저당권설정등기말소청구의 소'에 승소해 등기소에 근저당권설정등기 말소를 신청한 후, 근저당권이 말소된 등기부를 첨부해 해당 경매계에 '경매개시결정에 대한 이의신청'을 하면 경매 법원에서는 경매 취소결정 및 경매기입등기 말소촉탁을 한다. 이때 취하 신청의 종기는 낙찰자의 잔금 납부(물건변동의 효력) 시까지다(민사집행법 제86조, 대법원99마7385).

> ☞ **합의의 대표적인 경우**
>
> ▷ 채무(채무액+집행비용)를 변제한 경우 : 변제 및 근저당권 말소
>
> ▷ 채권자가 담보권을 실행과 경매 신청을 취하거나 변제를 미루도록 승낙(변제유예)하는 경우

> ☞ **합의가 되지 않는 대표적인 경우(민사집행법 제266조)**
>
> ▷ 담보권을 말소하도록 명한 확정판결 또는 담보권이 없거나 소멸되었다는 취지의 확정판결의 정본
>
> ▷ 담보권 실행을 일시 정지하도록 명한 재판의 정본(이때는 취소 또는 일시 유지)

> ☞ **공탁을 할 수 있는 경우: ▷채권자의 수령거절, ▷채권자의 수령불능, ▷채권자불확지**
>
> 공탁 시에는 즉시 채권자에게 공탁통지를 해야 한다. 이 경우에도 공탁했다고 스스로 근저당권을 말소해주지는 않으므로 궁극적인 목적인 근저당권을 말소하기 위해서는 공탁증서를 첨부해 '근저당권말소청구의 소'를 제기해 확정판결을 받아야 하며, 이때 통상 소 제기 시 '근저당권처분금지가처분'을 경료하도록 한다.

2) 강제경매 시(민·집·법 제93조 제3항, 제49조, 제44조)

강제경매 시 경매의 정지 또는 취하 사유로는 신청 채권자와 합의가 된 경우 또는 기타 법률에서 규정한 사유가 있는 경우가 있으며, 취하신청의 절차는 채무변제(신청채권자와 합의 시) 또는 변제공탁(공탁 시까지의 채무액+경매 절차비용) ⇒ '청구에 관한 이의의 소'를 법원에 제기(채권자의 경매 취하서 또는 공탁증서 첨부) ⇒ '소제기증명'을 첨부해 해당 경매계에 경매 절차 정지 신청(기한: 배당 시까지) ⇒ 경매 법원의 경매 절차 정지결정 ⇒ 경매 절차 정지 ⇒ '청구에 관한 이의의 소' 승소 ⇒ 판결문을 경매 법원에 제출 ⇒ 경매 법원의 경매 취소결정 및 경매기입등기 말소촉탁의 순서로 진행된다.

이때 취하신청의 종기는 경매 사건 종결(배당) 시까지(대법원64다886, 서울고법4293)다.

☞ **기타의 사유가 있는 경우 : 민사집행법 제93조 제3항(즉, 제49조1,2,5호의 사유)**

▷ 집행할 판결 또는 그 가집행을 취소하는 취지나, 강제집행을 허가하지 아니하거나 그 정지를 명하는 취지 또는 집행처분의 취소를 명한 취지를 적은 집행력 있는 재판의 정본

▷ 강제집행의 일시정지를 명한 취지를 적은 재판의 정본

▷ 집행할 판결, 그 밖의 재판이 소의 취하 등의 사유로 효력을 잃었다는 것을 증명하는 조서등본 또는 법원사무관등이 작성한 증서

※ 아래의 경우에는 최고가매수인의 동의를 받아야 한다[제93조 제3항(즉, 제49조3, 4, 6호)].

▷ 집행을 면하기 위해 담보를 제공한 증명서류

▷ 집행할 판결이 있은 뒤 채권자가 변제를 받았거나, 의무이행을 미루도록 승낙한 취지의 증서

▷ 강제집행을 하지 않는다거나 강제집행의 신청이나 위임을 취하한다는 취지를 적은 화해조서(和解調書)의 정본 또는 공정증서(公正證書)의 정본

3. 낙찰자의 동의 없는 경매 취하 시 취하의 형식 및 경매 취하를 쉽게 허가하는 이유

낙찰자의 동의가 없어도 경매 취하를 쉽게 허가하는 이유는 경매의 궁극적인 목적이 소유권이전보다 채권의 회수에 있기 때문이다. 하지만 설령 그렇다 하더라도 이는 낙찰자의 잔금 납부(물권변동의 효력: 민법 187조) 이전까지에 한하므로, 우량물건일 경우 항고(이의신청)기간이 지난 후 즉시 잔금 납부를 하는 것이 안전하다.

이때 경매 법원이 경매를 취하하는 형식은 '기각결정에 의한 경매개시결정취소'의 형식을 취하는데, 그 이유는 그로 인해 야기될 수 있는 법률적인 효력 때문이다. 즉, 기각결정에 의할 경우 법률효과가 소급해서 무효가 되지만 그렇지 않고 '취소' 또는 '취하'의 형식에 의할 시 그동안 낙찰자가 지출한 교통비 등의 임장활동비용, 권리분석에 따른 정신적인 손해배상청구 등의 소지가 있을 수 있기 때문이다.

점유자가 누구든 간에 무조건 배당기일까지 기다려야 한다?

잔금 납부 시 인도명령 신청을 했는데 점유자가 대항력도 없고 배당대상도 아닌데도 무조건 배당기일까지 기다려야 한다고?

대항력도 없고 배당대상도 아닌 점유자에 대한 인도명령 신청사건도 그저 사법보좌관의 눈치를 살펴가며 무조건 배당기일까지 재결을 보류하고 있는 경우도 있다. 이는 해당 경매계장이 관련 규정의 내용을 잘못 파악하고 적용하려 하기 때문이다. 따라서 이런 경우에는 해당 경매계에 진행 상황을 확인해 적극적으로 이의를 제기, 바로 재결을 받도록 촉구해 명도기일을 단축시켜야 한다.

하지만 유의할 것은 이런 경우 아예 배당대상이 되지 않아야 한다는 것이지, 실질적으로 배당을 받는지 아닌지와는 무관하다는 것을 알아야 한다.

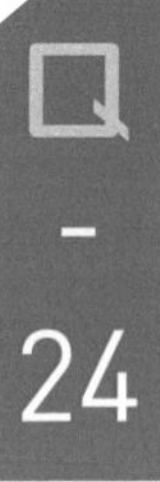

점유이전금지가처분 신청이 기각되지 않으려면 어떻게 해야 할까?

인도명령 신청할 때 점유이전금지가처분 신청을 했더니 기각되었다. 점유자가 점유이전의 개연성이 많은 악의의 점유자일 경우 어떻게 해야 할까?

인도명령 신청 후에 점유이전금지가처분 신청을 하게 되면 추후 인도명령이 결정(인용)되면 인도명령에는 명도소송에서 승소한 것과 같은 압류의 효력이 있다는 이유로 그 후에 신청하는 점유이전금지가처분은 예외 없이 기각결정을 하고 있다. 따라서 이런 경우 추후 인도명령 신청이 인용된다 하더라도 악의의 점유자가 점유이전을 했다면 다시 승계집행문을 발급받아 집행해야 하는 어려움이 있다. 그러면 어떻게 해야 할까?

이때는 인도명령 신청 후 점유이전금지가처분 신청을 할 것이 아니라 인도명령 신청 이전에 추후 본안소송(명도소송)을 진행해야 하며, 그에 앞서 보전처분이 필요하다는 이유로 신청해야 한다. 바로 이런 것이 소송의 기법이다.

가장임차인이라는 심증이 농후한데, 이런 경우 어떻게 해야 할까?

낙찰물건의 임차인 중 경매 개시에 임박해 대항요건을 갖췄지만, 가장임차인이라는 심증이 농후한 경우 어떻게 해야 할까?

가장임차인에는 대항력이 있는 선순위 임차인의 형태도 있고 대항력은 없으나 대항요건을 갖춘 후순위 임차인도 있는데, 대항력이 있는 선순위 임차인의 형태를 갖춘 경우 예외 없이 배당신청을 하지 않는다. 그 이유는 구비서류가 완벽할 수가 없기에 그보다는 낙찰자로부터 상당액의 합의금을 받는 것이 더 효율적이기 때문이다.

만약 이런 물건을 낙찰받았다면 일단 강제집행비용에 상당하는 소액의 이사비용으로 합의를 시도하되, 만약 과도한 요구를 할 경우에는 추후 민사는 물론 형사책임까지 묻겠다는 분명한 메시지를 전달하고 그래도 쉽게 명도를 해주지 않으면 인도명령 신청(기각 시는 명도소송)으로 심문하게 하거나 소송 과정에서 계약서를 제출하게 해 대금지급 등의 증거를 제시하도록 하고 아울러 필요 시 상황에 따라 다음 중 하나를 이유로 형사고소를 하도록 한다.

☞ 경매 과정에서 적용 가능한 관련 형법(현지방문, 협의과정~계고~인도집행~집행 후 동산경매 시까지)

• 경매방해죄(제315조), • 권리행사방해죄(제323조), • 재물손괴죄(제366조), • 공무집행방해죄(제136조), • 위계에 의한 공무집행방해죄(제137조), • 특수공무방해죄(제144조), • 협박죄(제283조), • 특수협박죄(제284조), • 폭행죄(제260조), • 특수폭행죄(제261조), • 폭행치사상죄(제262조), • 공갈죄(제350조), • 공무상비밀표시무효죄(제140조), • 부동산강제집행효용침해죄(제140조의2), • 부당이득죄(제349조), • 주거침입, 퇴거 불응죄(제319조), • 사문서 위·변조죄(제231조), • 위조사문서 행사(제234조), • 미수범(제235조), • 사문서 부정행사(제236조), • 복사문서(제237조의2), • 인장위조,부정사용(제239조), • 미수범(제240조) 등

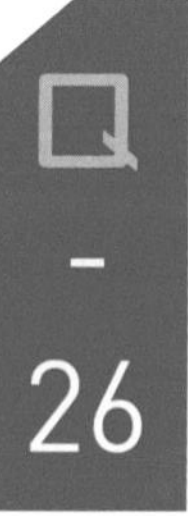

매각물건명세에 포함되지 않은 농작물을 낙찰자가 취득하는 걸까?

매각물건명세에 포함되지 않은 타인의 농작물이 식재되어 있는 경우, 그것도 낙찰자가 취득하는 걸까? 그게 아니라면 어떻게 해야 할까?

1. 경매개시기입등기 전에 농작물을 식재한 경우

이때는 민법 제256조(부동산에의 부합)에 따라 '부동산에 부합된 물건의 소유권도 취득한다'라고 볼 수도 있겠으나, 단서에서 '타인의 권원에 의해 부속된 것은 그러하지 아니한다'라고 하고 있고, 판례(대법원68다613: 손해배상, 70도82: 재물손괴)에서는 '타인 소유의 토지에 사용·수익의 권한 없이 농작물을 경작한 경우에 그 농작물의 소유권은 사실상 이를 경작배양한 사람에게 귀속된다'라고 하고 있으므로 특별한 경우가 아닌 한 경작자에게 소유권이 있다.

하지만 이런 경우에도 여전히 경작자에게 토지 사용권(지상권)이 없을 뿐 아니라 지료부담에 대한 의무는 있으므로 지료와 연계해 명도를 합의하는 것이 좋다.

2. 경매개시기입등기 후에 농작물을 식재한 경우

하지만 이런 규정에도 불구하고 경매개시기입등기(압류) 후에 농작물을 식재한 경우에는 민사집행법 제92조(제삼자와 압류의 효력) 제1항('제삼자는 권리를 취득할 때에 경매 신청 또는 압류가 있다는 것을 알았을 때는 압류에 대항하지 못한다')에 따라 인도집행이 가능한데, 이때 집행관의 현황조사서 등으로 농작물의 식재가 압류(경매개시기입등기)의 효력이 발생한 이후에 이행되었다는 증거를 제시해야 한다.

하지만 이런 경우에도 추후 분쟁의 소지를 없애기 위해서는 일단 적당한 명인방법으로 경고장 등을 부착한 후, 협의가 안 될 시는 그 증거와 함께 인도명령을 신청해 집행하는 것이 좋다.

단독건물의 미납공과금 확인과 처리는 어떻게 하는 것이 좋을까?

1. 미납공과금의 확인방법

전기료는 국번 없이 123번을 통해 물건 주소로 미납액을 확인하고, 수도료는 121번을 통해, 가스료는 해당 지역 도시가스고객센터(114문의)를 통해 물건주소로 확인한다.

2. 미납액 처리방법(단, 가스료는 해당 지역에 따라 처리방법이 다소 다를 수 있다)

점유자로부터 징수하는 방법과 매각 잔금 납부 후 소유권이전이 된 등기부등본을 제출해 귀속을 구분해 처리하는 방법이 있는데, 특별한 경우가 아닌 한 후자의 방법으로 처리한다.

하지만 만약 점유자가 있을 경우 원활한 명도를 위해 점유자를 압박하기 위한 용도로 점유자로부터 징수하는 방법을 사용하기도 하는데 이때 점유자의 배당액이 있는 경우에는 공과금 납부영수증을 확인한 후 명도확인서를 발급하거나, 합의에 따라 이사비를 지급하는 경우에는 이사 시 이 금액을 차감하고 지급한다.

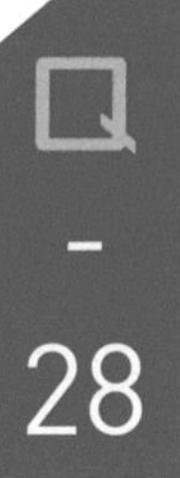

집합건물의 체납관리비를 어쩔 수 없이 전부 부담한 경우는?

집합건물의 체납관리비는 어디까지 내가 부담해야 하고 어떻게 처리하는 것이 좋을까? 그리고 어쩔 수 없이 전부를 부담한 경우는?

1. 일반적인 경우 낙찰자에 대한 체납관리비의 귀속 구분(집합건물법 제18조, 각종 판례)

가.낙찰자가 부담할 부분	최근 3년간 발생한 체납관리비 중 공용부분 해당액
나. 〃 제외 부분	① 〃 중 전유부분 해당액 ②전체 관리비의 연체액

*체납관리비의 소멸시효: 3년(대법원2005다65821, 대법원96다25302)

> ☞ **집합건물의 소유 및 관리에 관한 법률 제18조(공용부분에 관해 발생한 채권의 효력)**
>
> 공유자가 공용부분에 관해 다른 공유자에 대해 가지는 채권은 그 특별승계인에 대해서도 행사할 수 있다[전문개정:2010.3.31].

2. 공용부분과 전유부분 관리비의 구분

(구. 주택건설촉진법 제38조 제13항, 구. 공동주택관리령 제15조, 대법원2004다3598, 의정부지원2006가74938)

구분	내용
① **공용부분**	청소비, 오물수거료, 소독비, 승강기유지비, 공용부분 난방비, 공용부분 전기료, 공용부분 수도료, 공용부분 급탕비, 수선유지비, 일반관리비(인건비, 제사무비, 교통통신비, 제세공과금, 피복비, 교육훈련비, 차량유지비, 부대비용)
② **전유부분**	세대별로 부과되는 전기료, 수도료, 하수도료, 난방료, 급탕료, TV수신료

3. 통상적인 경우 실무에서의 처리 방법

일반적인 경우 낙찰자에 대한 체납 관리비의 귀속 구분은 채무자가 체납한 3년간의 공용부분관리비다. 그런데 만약 점유자가 배당액이 있는 임차인인 경우에는 관리비 납부와 명도확인서를 연계시키고, 합의한 이사비를 지급하는 점유자일 경우에는 지급할 이사비에서 관리비를 차감하면 되겠지만, 그렇지 않은 경우가 대부분이므로 이때는 부득이 관리실과 협의를 해야 한다.

그런데 실무에서 관리실과 합의할 시는 판례나 법률규정에도 불구하고 상가의 경우 대부분 상가관리규약, 상가번영회규약 등을 통해 관리비를 완납하지 않으면 입점을 제한하고 있으므로 이런 경우 강(업무방해: 형법 제314조)·온 양면작전을 구사하는 것이 능률적이다.

4. 낙찰자의 부담이 아닌 전유부분 관리비와 연체료를 입주관계상 부득이 낙찰자가 납부했을 경우 납부액에 대한 법적 성격(민법규정) 및 반환청구 가능 여부

조문	반환받을 수 없는 규정	반환받을 수 있는 규정 및 방법
부당이득 (제741조)		법률상 원인 없이 타인의 재산 또는 노무로 인해 이익을 얻고 이로 인해 타인에게 손해를 가한 자는 그 이익을 반환해야 한다.
비채변제 (제742조)	채무가 없음을 알고 이를 변제한 때는 그 반환을 청구하지 못한다.	* 이 규정에 따라 반환청구가 불가할 수가 있으나, 이때는 사전에 관리사무소와의 대화 녹취 등의 자료를 준비한 후 소송 시 관리사무소의 강박행위(단전, 단수 및 입주 방해 등)로 인해 부득이하게 납부한 것이라는 증명을 해 반환을 받는다.
타인의 채무의 변제 (제745조)	①채무자 아닌 자가 착오로 타인의 채무를 변제한 경우, 채권자가 선의로 증서를 훼멸하거나 담보를 포기하거나 시효로 그 채권을 잃은 때에는 변제자는 그 반환을 청구하지 못한다. ②전항의 경우, 변제자는 채무자에 대해 구상권을 행사할 수 있다.	제1항의 규정에 따라 반환청구가 불가하다고 볼 수도 있겠으나 이때는 낙찰자의 납부행위가 '채권자가 선의로 증서를 훼멸하거나 담보를 포기하거나 시효로 인해 그 채권을 잃은 때'에 해당하지 않으므로 역시 반환청구가 가능하다.

단전·단수 조치는 어디까지 적법하고 어디부터 위법인가?

관리비가 연체되어 단전·단수 조치를 했더니 형사고소를 한다는데, 관리비 연체를 이유로 단전·단수 조치를 하는 것이 위법한가?

다음에서 보듯이 관리비 연체를 이유로 하는 단전·단수 조치가 위법하다고 하는 경우와 적법하다고 하는 경우가 서로 유사하고, 만약의 경우 형사처벌[형법 제314조(업무방해 또는 제319조(주거침입, 퇴거불응)]은 물론 손해배상청구도 당할 수가 있으므로 가능한 한 적법한 절차에 의하지 않은 단전·단수 조치와 임의명도는 자제하는 것이 좋다.

1. 단전·단수 조치가 적법하다고 한 경우

1) 대법 2003도4732판결

시장번영회장이 이사회의 결의와 시장번영회의 관리규정에 따라 관리비 체납자의 점포에 대해 단전·단수 조치를 한 것이라면 이는 형법 제20조의 정당행위에 해당한다.

2) 대법원2006도9157판결(약정기간이 만료되고 임대차보증금도 없는 상태에서 미리 예고한 경우)

호텔 내 주점의 임대인이 임차인의 차임연체를 이유로 계약서상 규정에 따라 위 주점에 대해 단전·단수 조치를 취한 경우, 약정기간이 만료되었고 임대차보증금도 차임연체 등으로 공제되어 이미 남아 있지 않은 상태에서 예고한 후 단전·단수 조치를 취한 경우에는 형법 제20조의 정당행위에 해당한다.

2. 단전·단수 조치가 위법하다고 한 경우

1) 대법원2006도9157판결(약정기간도 보증금도 남아 있는 상태에서 계약해지경고만 하고 단전·단수를 한 경우)

호텔 내 주점의 임대인이 임차인의 차임연체를 이유로 계약서상 규정에 따라 위 주점에 대해 단전·단수 조치를 취한 경우, 약정기간이 만료되지 않았고 임대차보증금도 상당한 액수가 남아 있는 상태에서 계약해지의 의사표시와 경고만을 한 후 단전·단수 조치를 했다면 정당행위로 볼 수 없다.

2) 대법원2004도341(이는 경매 낙찰이 아닌 기존의 임대차계약에 있어서 임의명도를 한 경우)

강제집행은 국가가 독점하고 있는 사법권의 한 작용을 이루고 채권자는 국가에 대해 강제집행권의 발동을 신청할 수 있는 지위에 있을 뿐이므로, 법률이 정한 집행기관에 강제집행을 신청하지 않고 채권자가 임의로 강제집행을 하기로 하는 계약은 사회질서에 반하는 것으로 민법 제103조(반사회질서의 법률행위)에 의해 무효라고 할 것이다. 따라서 임의명도 계약은 무효이므로 이에 기한 임의 명도행위는 민사상으로는 불법행위(민법 제750조)가 되고, 형사상으로는 범죄로 인정되는 것이다.

3) 서울고등법원 2006나17760(본소), 2006나17777(반소)판결

위법한 단전·단수로 인해 건물을 사용·수익하지 못했다면 관리단에게 해당 건물의 임료 상당의 손해배상에 대한 책임을 물을 수 있다.

임차인은 경락잔금 납부 후부터는 낙찰자에게 월세를 줘야 하지 않나?

임차인은 배당받기 전까지는 월세를 못 주겠다고 하는데, 경락잔금을 납부한 날부터는 낙찰자인 나에게 월세를 줘야 하지 않는가?

1. 압류(경매개시기입등기) 이전까지의 차임: 현 소유자에게 귀속

따라서 압류(경매개시기입등기) 이전의 임차인의 미지급 차임이 있을 경우, 현 소유자는 제삼자에게 채권양도를 하거나, 임차인의 배당금이 있을 시 배당금에 대한 배당이의를 제기해 회수하거나 임차인에게 반환할 보증금이 있을 때 이를 차감한다.

이때 현 소유자에 대한 채권자는 소유자로부터 채권양도를 받아 임차인으로부터 회수하거나, 임차인의 보증금을 가압류하거나, 집행권원이 있을 경우 추심명령(민사집행법 제232조), 전부명령(민사집행법 제231조) 등으로 자신의 채권을 회수할 수 있다.

2. 압류(경매개시기입등기)부터 경락잔금 납부 전까지의 차임: 법정과실로 배당재단에 귀속

따라서 만약 경매 법원이 이를 간과하고 임차인에 대한 배당을 할 때 배당이의의 제기로 추가배당을 실시하도록 해야 한다. 다만 이때는 배당이의에 의한 추가배당을 하더라도 자신의 배당액이 증가할 수 있는 채권자에 한해 그 실익이 있으며, 만약 그렇게 하더라도 추가배당이 돌아오지 않는 후순위 채권자에게는 번거로운 절차와 시간과 비용만 소비될 뿐, 전혀 실익이 없다.

3. 경락잔금 납부 시부터

1) 원칙: 낙찰자에게 귀속

하지만 실무에서는 비록 점유자에 대한 배당액이 있는 경우에도 대부분 점유자의 배당액 수령을 위한 명도확인서의 발급을 무기로 점유자의 원만한 명도와 서로 교환하고 있는데, 만약 점유자가 악질점유자이고 점유자의 배당액이 있는 경우에는 점유자의 배당액에 대해 예상집행비용과 부당이득금(사용료) 반환을 이유로 하는 가압류를 경료한 후 집행비용확정 신청을 해 명도비용을 회수하고, 잔금 납부(소유권변동) 이후의 사용료(차임: 부당이득)와 채무불이행(명도지연)에 의한 손해배상까지 합해 소를 제기해 회수하고, 점유자의 배당액이 없거나 부족한 경우에는 점유자의 은행예금 및 다른 재산에 압류하거나 여타채권에 대한 전부명령 또는 추심명령으로 회수할 수도 있다.

2) 예외(배당신청한 대항력+우선변제권 있는 임차인): 임차인에게 귀속

판례(대법원2003다23885)에서 '대항력과 우선변제권이 있는 임차인이 배당신청을 한 경우 배당표가 확정될 때까지는 임차주택의 사용·수익이 낙찰자에게 대해 부당이득이 성립되지 않는다'라고 하고 있어 현재까지는 낙찰자의 잔금 납부에서 배당기일까지의 차임을 임차인에게 귀속시키고 있다. 하지만 이 판례에는 다음과 같은 불합리한 점이 있다.

①전액 배당을 받을 수 있는 임차인과 그렇지 않은 임차인(즉, 대항력이 없는 후순위 임차인) 간에는 오직 대항력만 차이가 있을 뿐, 똑같은 점유의 권원에 따라 꼭 같은 물건을 사용·수익을 함에도 그 적용이 공평하지가 않다.

②설령 대항력이나 점유할 권원이 있는 적법한 임차인이라고 하더라도 엄연히 사용·수익을 하고 있으므로 최소한 낙찰자의 경락잔금 납부(소유권 변동) 이후부터는 점유의 불법성(권원)과는 무관하게 민법 제741조에 의한 부당이득(타인에게 손해를 입힌 자는 그 이익을 반환해야 한다)이 명백한데도 판례에서는 점유의 권원(대항력) 및 점유의 불법성을 강조하려 하다 보니 부당이득에 대해는 간과한 것이 분명하다 하겠다. 따라서 향후 이에 대한 새로운 판례가 있을 것으로 예상된다.

인도명령 신청 기각 시 능률적으로 명도소송을 수행하는 방법은?

인도명령 신청이 기각되어 명도소송을 하려고 하는데, 명도소송 시는 어떤 점에 유의해야 할까?(능률적인 명도소송의 기법)

1. 인도명령과는 달리 명도소송 시는 반드시 점유이전금지가처분신청을 먼저 해야 한다

점유이전금지가처분으로 점유자를 고정시키지 않고 명도소송을 할 경우, 장기간의 명도소송 기간 중 점유자가 바뀌는 경우는 물론, 소 제기 후 건물소유자가 바뀌고 명도소송에서 패소하는 경우 기존의 소에 기해 상소해 기간을 단축시킬 수 있지만, 새로운 소유자는 확정판결의 변론종결 후의 승계인에 해당하지 않아 다시 명도소송을 제기해야 하기 때문이다(대법 98다6855). 하지만 인도명령 신청 시에는 점유이전금지 임시처분이 꼭 필요하지는 않으므로 상황에 따라 신축적으로 적용하되, 만약 인도명령 신청 시 점유이전금지가처분 신청을 하려면 필히 인도명령 신청을 하기 전에 본안소송(명도소송)을 전제로 신청해야 한다.

2. 조기점유가 필요할 시는 '명도소송'과 '부당이득금반환청구의 소'를 분리하라

그 이유는 명도소송과는 달리 부당이득금반환의 소의 제기 시는 법원에서 지정하는 감정인의 임료 감정을 거쳐야 하는 관계로 기일이 많이 소요되기 때문이다. 따라서 소를 분리할 경우 비록 부당이득금반환청구의 소가 진행 중이라 하더라도 먼저 명도를 해서 사용·수익을 할 수가 있는데, 이것이 바로 능률적인 소송수행의 기법인 것이다.

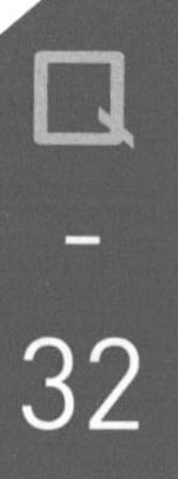

최우선변제대상 소액임차인의 배당금은 언제나 압류금지대상인가?

낙찰받았는데, 자신은 소액임차인이라 큰소리치며 애를 먹인다. 이 사람의 배당금에 어떤 조치를 취할 수는 없을까?

일반적으로 맞는 말이지만, 모든 경우에 그렇다는 것은 아니다. 간혹 최우선변제대상 소액임차인이 자신의 배당액에 대해서는 압류를 할 수가 없다는 잘못된 지식이나 주위(변호사, 법무사 등)의 조언을 무조건 믿고 악질적으로 명도를 거절하는 경우가 있는데 꼭 그렇지만은 않다. 이유를 보자.

물론 민사집행법 제246조(압류금지채권) 제1항 제6호의 규정에 의하면 주택임대차보호법 제8조 및 동법시행령 제10조(보증금중 일정액의 범위)와 제11조(우선변제 받을 임차인의 범위)에서 정한 일정액에 대한 압류를 금지하고 있어 그 주장이 틀린 것은 아니다.

하지만 이와 동시에 민·집·법 제246조 제3항에 의하면 '법원은 당사자가 신청하면 채권자와 채무자의 생활형편, 그 밖의 사정을 고려해 압류명령의 전부 또는 일부를 취하하거나 제1항의 압류금지채권에 대해 압류명령을 할 수 있다'라고 하고 있다.

따라서 만약 대항력이 없는 주거임차인이 소액임차인이라는 지위만을 믿고 악의적으로 명도를 거절할 경우에는 그 내용을 소명해 인도명령 신청은 물론 비록 최우선변제대상 소액임차인에 대한 배당금이라 할지라도 부당이득금 또는 손해배상채권으로 압류(가압류)를 해서 추심할 수 있다.

또한 비록 최우선변제대상 소액임차인이라 할지라도 민사집행법 제246조(압류금지채권)의 규정에 상·임·법상 소액임차인의 배당금에 대한 규정은 없으므로 상·임·법상 소액임차인의 최우선변제액은 아예 처음부터 압류금지의 적용대상이 아니다. 따라서 악의의 점유자에게 이를 먼저 알려주고 명도합의를 유도할 수도 있을 것이다.

구 분	주·임·법상 최우선변제액	상·임·법상 최우선변제액
원칙(민·집·법246조)	압류금지대상채권에 해당한다.	처음부터 압류금지대상이 아니다.
예외(〃 246조③항)	사정에 따라 압류도 가능하다.	〃

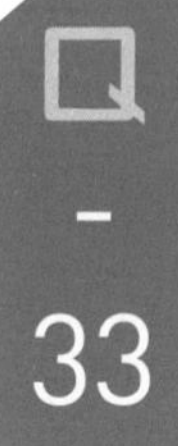

Q-33 우량물건인 경우 자금대부로 이자수익을 실현할 수 있는 방법은?

경매 물건의 소유자라는 사람이 돈을 빌려달라고 하는데, 과연 빌려줘도 될까? 만약 빌려준다면 얼마를 어떻게 빌려줘야 안전할까?

간혹 경매 물건 중 채무자(소유자)에게까지 배당이 돌아가는 경우가 있는데, 만약 그런 경우라면 채무자의 채무상태가 상당히 건실한데도 일시적인 자금경색으로 경매가 진행되는 경우라 하겠다. 따라서 이런 경우에는 채무자(소유자)를 접촉, 경매 취하자금을 대여해 상당한 이자수익을 실현할 수가 있는데, 시중에는 이러한 경매 취하자금을 전문적으로 취급하는 대부업자가 성업 중이다. 그러나 이런 경우에는 권리분석 및 배당분석을 완벽하게 할 수 있는 능력이 있어야 하며, 그 결과

다음과 같은 조건이 되어야 한다.

> ☞ **경매 취하자금 대부액 계산식(안전대부 최고 한도)**
>
> ①담보 물건의 평가액(급매 시세) - ②당해 물건에 경료된 채권액(특별한 경우가 아닌 한 이때는 필히 채권최고액을 기준으로 해야 한다) - ③현 임차인의 임차보증금 합계액 - ④경매 신청비용 - ⑤현재 공실에 대한 소액최우선배당 예상액 - ⑥예상 당해세 - ⑦설정·말소비용 - ⑧취득세 예상액 - ⑨회수예상기간 총이자

그 이유는, 만약 추후 채무자의 채무불이행 시 경매 신청을 하려고 하더라도 선순위 채권자가 경매 신청을 하지 않는 이상 자신이 경매 신청을 해야 할 것이고, 경매 진행과정에서 유찰이 계속되면 무잉여취소가 될 수가 있으며, 그럴 경우에는 스스로 위 금액 중 취득세를 제외한 금액으로 매수 신청을 해 유입한 뒤 재매각(급매처분)의 방법으로 채권을 회수해야 하기 때문이다. 이때 취득세도 포함해 금액을 산출하는 것은 유입하려 할 경우(자신이 낙찰받으려 할 경우) 취득세가 부담되기 때문이다.

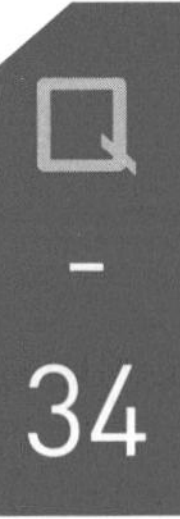

제시외건물, 미등기건물, 무허가건물은 도대체 어떻게 다를까?

많은 사람들이 미등기건물이 무허가인 경우가 많다 보니 미등기건물과 무허가건물, 그리고 제시외건물이 무허가 또는 미등기인 경우가 많다 보니 미등기·무허가·제시외건물을 제대로 구분하지 못하고 혼동하는 경우가 많은데, 이는 매우 중요한 부분이므로 확실히 구분해 인지해야 한다.

1. 제시외건물이라 해서 무조건 무허가·미등기와 같은 의미는 아니다(대법원92다26772판결, 대법원2000다63110판결)

제시외건물이란 말 그대로 당해 경매 신청에서 제외된 건물을 말하는 것으로, 그 발생 원인은 미등기인 관계로 경매 신청 대상에서 제외되었을 수도 있고(미등기건물 중에는 무허가일 수도 있고 정상적인 허가를 받았으나 등기를 하지 않은 경우도 있다),

등기가 되어 있음에도 고의 또는 실수로 경매 신청대상에서 제외한 경우도 있다.

그런데도 감정평가 시 이를 포함해 평가하고 매각물건명세에도 이를 포함했다면 낙찰자는 소유권을 취득할 뿐 아니라, 설혹 감정평가 및 매각물건명세에도 제외되었다 하더라도 민법에서 규정하고 있는 종물(민법 제100조) 또는 부합물(민법 제256조: 부동산에의 부합, 민법 제257조: 동산 간의 부합)일 경우에는 낙찰자는 소유권을 취득한다(단, 이때도 타인의 권원에 의해 부속된 것은 제외된다). 이와 같은 이유로 경매 법원에서는 '제시외건물(경매 신청에서 제외된 건물)이 명백히 종물 또는 부합물이 아닌 이상 매각물건에 포함시켜서는 안된다(대법원99만504 결정)'라고 하고 있다.

2. 미등기라고 해서 무조건 무허가라고 단정해서는 안 된다

비록 미등기건물(기둥+주벽+천장)이라 하더라도 채무자 소유라는 증명을 할 수 있는 경우 채권자는 대위등기(민법 제404조: 채권자대위권)를 해서 경매 신청을 할 수가 있다.

1) 불법적인 미등기건물이 발생하는 경우

①건축허가를 받지 않았거나 받지 못해 등기를 못 한 경우

②건축허가는 득했으나, 추후 허가대로 건축하지 않아 사용(준공)검사를 받지 못해 등기를 못 한 경우

2) 합법(정상)적인 미등기건물

정상적으로 건축허가를 득하고 준공검사[1962~1992.5.31: 준공검사 ⇒ 1992.6.1~1996.1.4: 사용검사 ⇒ 1996.1.6~현재: 사용승인]까지 적법하게 받았으나, 등기비용 기타의 사유로 등기를 하지 않은 경우의 건축물을 말한다(이전등기가 아닌 보존등기의 지연에 대한 과태료 규정은 없기 때문에 이런 경우가 종종 발생한다).

3. 무허가건물의 두 얼굴

특별한 경우(대위등기 등)가 아닌 한 건축허가 및 준공검사에 의한 건축물관리대장을 거친 후 보존등기를 하지만 여기서는 등기의 전단계인 건축허가를 받지 않은 경우를 말하는 것으로, 무허가건물에는 착한 무허가건물과 나쁜 무허가(위반)건물이 있다.

1) 우량 무허가건물

우량 무허가건물은 건축법상 준공검사허가제도가 시행되기 전의 건축물(1962년 전의 건축물)과 그 후 건축된 무허가건물

이라 하더라도 재개발사업의 시행 시 각 지자체의 조례로 정하는 기준 이전의 건축물이 있는데, 이는 법 규정 이전의 합법적인 건물일 뿐 아니라 재개발사업의 시행 시는 조합원이 되어 아파트입주권을 받을 수 있는 우량물건이 될 수도 있다.

2) 불량 무허가건물

통상적인 경우의 불량 무허가건축물(건축법상 무허가·위법건축물)은 준공검사(준공검사 ⇒ 사용검사 ⇒ 사용승인)제도 시행일 이후 건축한 것으로 ①건축허가 또는 신고(일정 규모 이하의 건축은 신고사항이다) 없이 신·증축한 건축물 ②건축허가 또는 신고는 했으나 허가조건(건폐율, 용적율 초과 등)을 이행하지 않아 사용승인을 받지 못한 건축물 ③불법으로 용도변경을 한 건축물 등을 말하는 것으로, 위법사항이 시정될 때까지 연 2회의 범위에서 이행강제금을 부과할 수 있다(현재 실무적으로는 통상 연 1회씩 부과하고 있다). 따라서 이런 경우에는 입찰 시 필히 그 비용을 충분히 감안해서 입찰해야 한다.

Q-35 농지가 포함된 공장을 낙찰받으려 했더니 법인은 안 된다고 한다

농업인 또는 영농법인이 아닌 일반법인은 경자유전의 원칙(헌법 제121조, 농지법 제6조)에 따라 농지를 취득할 수가 없으므로 농지가 포함된 물건(즉, 농취증이 필요한 물건)을 낙찰받는 경우 특별한 경우가 아닌 한 설령 입찰에 참여해 최고가매수인이 되더라도 추후 매각불허가결정을 하게 된다. 따라서 이런 경우에는 다음 판례를 이용해 분리취득을 하거나 개인명의 또는 공동입찰로 취득하도록 한다.

1. 완전한 농지가 포함된 경우: 즉, 법인이어서 취득자의 자격이 부적격인 경우

1) 해당 경매계로 하여금 분리매각을 하도록 해서 공장은 법인명의로 농지는 개인명의로 취득한다. 하지만 이런 경우

이해관계인인 채무자(소유자) 또는 채권자가 이의 신청을 하지 않는 한 해당 경매계에서 쉽게 응하지 않을 것이므로 채무자(소유자) 또는 채권자로 하여금 이의제기를 하도록 해야 한다(대법원2003마757, 대법원2004마796).

2) 개인명의로 낙찰받은 후 농지전용(지목변경)을 해 법인으로 이전하거나 농취증 없이 이전이 가능한 부분만 현물출자, 매매 등의 방법으로 법인으로 이전한다.

하지만 이 경우 농지전용비, 취득세, 등기비용 등이 추가부담이 된다는 단점이 있다.

☞ **농지전용비:** 공시지가×30%(단, 이 금액이 ㎡당 @50,000을 초과할 경우 @50,000을 한도로 한다)

3) 공장 부분은 법인지분, 농지 부분은 개인지분의 공동 투자 형식으로 취득한다.

이는 민사집행규칙 제62조 제5항('공동으로 입찰하는 때는 입찰표에 각자의 지분을 분명하게 표시해야 한다')을 근거로 한 것이다. 하지만 통상적인 경우의 공동 투자는 물건별로 투자자를 개별적으로 지정해 구분하지 않고 전체 물건에 대해 단순히 지분율을 표시하는 방법으로만 진행하고 있는 관계로 재량권이 많이 작용하는 경매에 있어 경매 법원에 따라 논란의 우려가 있을 수가 있다. 따라서 이런 경우는 사전에 해당 경매계에 문의한 후 입찰에 참여하는 것이 가장 안전하다.

2. 불법전용 되어 농취증이 반려되는 경우(즉, 대상 토지가 부적격인 경우)

취득자의 자격이 부적격인 경우와는 달리 비록 지목은 농지이나, 이미 불법으로 전용이 되어 농취증 발급이 반려되는 경우 등 대상 토지가 부적합해 농취증 발급이 반려되는 경우에는 그 사유가 기재된 반려증의 제출로 농지의 취득이 가능한데, 실무에서는 대부분의 경우가 이런 경우다.

Q-36 대화를 녹음하면 통·비·법 위반으로 형사 처분을 받지 않을까?

유치권자 등 악의의 점유자와의 대화 등은 꼭 녹음하라고? 하지만 그러면 통·비·법(통신비밀보호법) 위반으로 형사 처분을 받지는 않을까?

아니다. 대화 당사자 및 이해관계인(혈연관계,고용관계)이 상대방의 동의를 받지 않고 한 녹취는 통·비·법 제14조 제1항의 처벌 대상이 아니라는 판례(대법원2008도1237판결)가 있다. 다만 특별한 경우가 아닌 한 형사 처벌의 대상은 아니지만, 상대방에 고지하지 않고 한 녹취는 재판상 증거력을 인정받지 못할 뿐이다(통·비·법 제3조~제4조).

그럼에도 불구하고 녹취를 하는 것은, 추후 상대에 대한 매우 중요한 압박의 수단이 될 수 있을 뿐 아니라, 재판상에서도 최소한 정황증거의 기능은 수행할 수가 있을 것이기 때문이다. 따라서 악의의 점유자와의 대화에 대한 녹취는 필수적이며, 가능하다면 사진 촬영도 해두는 것이 좋다.

하지만 제삼자의 경우에는 설령 전화통화 당사자 일방의 동의를 받았다 하더라도 다른 상대방의 동의가 없었다면 통·비·법 제3조 제1항에 위반된다는 것을 알아야 한다(대법원 2002.10.8. 선고 2002도123판결: 통신비밀보호법위반).

건물 전체에 대한 유치권 행사 시 일부 호수의 낙찰은 위험할까?

건물 전체에 대한 유치권이 있는 물건인데, 원하는 호수를 낙찰받으면 그 호수에 대한 유치권은 풀어주기로 했다. 입찰해도 될까?

건물 전체에 대해 유치권을 행사하고 있을 경우 설혹 일부분에 대한 유치권을 해결한다 하더라도 전체 건물에 대한 수도·전기·가스 등의 공용관리 난점 등 실질적으로는 사용에 제한이 있을 수 있으므로 신중히 판단해야 한다.

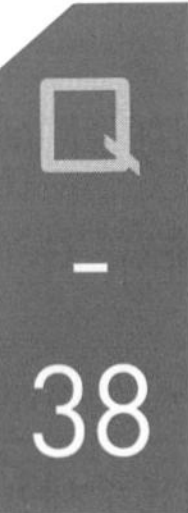

어떤 물건은 취득세 폭탄을 맞을 수도 있다

어떤 물건은 낙찰 시 8~16%까지 취득세를 내야 하는 경우가 있다. 수익(재매각)을 조금 보려다 잘못하면 큰일 날 수 있다. 그럼 어떤 경우에 그토록 과다한 취득세를 납부해야 하는지 알아보자[단, 지자체의 조례에 따라 100분의 50의 범위에서 가감할 수 있다(지방세법 14조)].

1. 수도권 과밀억제권역 내

①법인의 본점·주사무소의 신·증축, ②공장의 신·증설[법인·개인 무관(즉, 개인도 포함)]: 8% 중과{표준세율+4%[중과기준세율(2%)×200/100]} 중과[지방세법 제13조 제1항]

2. 대도시 내

①법인설립[휴면법인인수 포함], ②대도시 내로의 법인의 본점·주사무소·지점·분사무소의 전입(이때는 서울 밖에서 서울로의 전입도 포함), ③법인 설립(전입) 후 5년 내 취득, ④공장 신·증설[법인·개인 불문(즉, 개인도 포함)]: 8% 중과{표준세율×300/100-4%[중과기준세율(2%)×2배]}[지방세법 제13조 제2항]

> ☞ **예외(감경중과세율 적용)**
> ①주택: 표준세율[1%(6억 원 이하), 2%(6~9억 원), 3%(9억 원 초과)]+4%[중과기준세율(2%)×2배]
> ②"대도시 중과 제외업종(공익성격업종)"용 부동산, 법인의 사원주거용 목적의 전용 60㎡ 이하의 공동주택(부속토지 포함): 표준세율 적용(중과 제외)

3. 목적 외 사용, 목적 미이행 시: 8% 중과

표준세율×300/100-4%[중과기준세율(2%)×200/100] 중과[지방세법 제13조 제3항]

4. 임대가 불가피한 업종(전기통신사업, 유통산업, 농·수·축산물 시장)에 대한 목적 외 사용 및 목적 미이행에 대한 중과 제외 [지방세법 제13조 제4항]

5. 사치성 재산에 대한 중과(법인·개인 불문): 12% 중과

표준세율+8%[중과기준세율(2%)×400/100] 중과[지방세법 제13조 제5항]

6. 과밀억제권역 내

법인의 본점·주사무소용 부동산 취득, 공장 신·증설(법인·개인 불문)과 대도시 내 법인설립, 법인의 지점·분사무소의 설치 또는 대도시 내로 법인의 본점·주사무소·지점·분사무소의 전입에 따른 부동산의 취득(이때는 서울 밖에서 서울로의 전입도 포함), 공장 신·증설(법인·개인 불문)이 겹치는 경우: 둘 중 높은 세율이 아닌 단일세율: 12%[표준세율×300/100] 중과[지방세법 제13조 제6항]

7. 사치성 재산이 대도시 중과에 해당하면(즉, 대도시 내의 사치성 재산): 16% 중과

표준세율×3배+4%[중과기준세율(2%)×2배]

*주택: 표준세율+12%[지방세법 제13조 제7항]

Q-39 취득세중과대상 업종은 그 어떤 경우에도 무조건 중과일까?

그럼 취득세중과대상 업종을 낙찰받으면 그 어떤 경우에도 무조건 중과해야 할까? 중과를 당하지 않는 다른 방법은 없을까?

있다. 비록 유흥주점 등 사치성 재산이라 해도 바로 타 용도로 전용할 때는 중과대상에서 제외된다. 지방세법 제13조 제5항 제3호(고급주택), 제4호(고급오락실) 단서 : ~다만, 주거용으로(또는 고급오락장용) 건축물을 취득한 날부터 30일[상속으로 인한 경우는 상속개시일이 속하는 달의 말일부터, 실종으로 인한 경우는 실종선고일이 속하는 달의 말일부터 각각 6개월(납세자가 외국에 주소를 둔 경우에는 각각 9개월)] 이내에 주거용(또는 고급오락장용)이 아닌 용도로 사용하거나 고급주택(또는 고급오락장)이 아닌 용도로 사용하기 위해 용도변경공사를 착공하는 경우는 제외한다.

경매 입찰가격은 대체 어떤 사람들에 의해 결정될까?

지피지기면 백전백승(知彼知己 百戰不殆)이라 했다. 경매 입찰을 하려는 사람들은 어떤 목적으로 입찰하려는지를 한 번쯤은 생각해보는 것이 좋다. 왜냐하면, 아무리 내가 원하는 목적과 합리적인 방법에 따라 희망하는 입찰가를 정확히 산정했다 하더라도 전혀 낙찰 가능성이 없다면 시간과 노력과 비용만 소비되는 무용지물이기 때문이다. 무턱대고 입찰할 것이 아니라 내가 산출한 가격과 다수 상대자의 예상가격과 비교해 그 차이가 얼마이며, 나의 가격을 수정한다 하더라도 그 차이가 수용할 수준인가 파악해야 한다. 따라서 입찰하기 전, 반드시 유형별 가격표를 만들어서 비교하자.

특히 매각물건이 공유지분일 경우에는 공유자우선매수 신

청권이 제한되는 경우가 아닌 한 원칙적으로 입찰에서 제외하되 단, 특수한 경우(즉, 법리적으로 공유자우선매수 신청이 적용되어서는 안 될 물건이거나, 최저가가 많이 저감이 된 물건으로 공유자의 인적사항으로 보아 입찰장 참석이 용이하지 않을 경우 등)에는 도전해볼 가치가 있다.

1. 입찰자 유형①: 물건이 NPL 물건이고 AMC가 유입에 나서거나 채권이 매각된 경우

이때는 통상 정상입찰상한가[응찰원가×(1+가산비율/통상 5~10%)]~입찰 한도(배당 시점의 실효 채권+경매 비용+선순위 배당채권-몰수보증금-항고보증금) 사이에서 입찰가가 형성되므로 이런 경우에는 특별한 경우가 아닌 한 추격이 불가하다(즉, 입찰 포기).

> ☞ **사례 : 충주1계2016-1584[충북 충주시 중앙탑면 루암리 56-1/도로부지: 116㎡(35.09평)]**
>
> ▷ 근저당권 : 2009.9.15. 에덴산업개발(주) ₩1,200,000,000 ⇒ (채권양도) 2016.3.4. 에이피제3비유동화 ▷ 경매 신청 : 2016.03.16 ▷ 경매 신청채권 : ₩259,441,034 ▷ 감정가(경매 법원) : ₩12,412,000
>
> ▷ 2016.09.26(1회차)낙찰[◎낙찰가 : ₩150,000,000(1,208.51%) ◎2위 응찰가 : ₩12,412,000]

따라서 만약 대상물건이 NPL 물건이고 NPL이 매각된 경우라면, 특별한 경우가 아닌 한 채권양수인이 대상물건을 배당 투자 목적이 아닌, 유입 목적으로 채권을 양수했다고 봐야 하며(그 이유는, 채권양수인이 배당 투자로서도 수익을 실현할 정도의 물건이라면 AMC가 담보 물건의 평가와 배당분석을 잘못하지 않는 한 그런 헐값으로 채권을 양도하지 않을 것이기 때문이다), 이런 경우 NPL의 할인매각 및 저당 여유를 이용한 채권양수인의 '입찰경쟁우월지위'로 인해 일반 입찰자는 경쟁상대가 되지 않는다.

2. 입찰자 유형②: 상대 입찰자가 재매각 차익 실현용으로 입찰하는 경우

실무에서는 이런 입찰자가 가장 많은 경우이며, 이때는 매각물건의 정확한 평가와 더불어 예상 희망수익률을 역산해 산출해봐야 한다.

3. 입찰자 유형③: 상대 입찰자가 임대수익 실현용으로 입찰하는 경우

이런 경우는 상대의 의도(목적)대로 동종의 임대현황을 조사한 후, 예상희망임대수익률을 역산해 산출해봐야 한다.

4. 입찰자 유형④: 상대 입찰자가 실수요 목적(자가용)으로 취득하고자 하는 경우

이런 입찰자는 극히 소수지만, 당해 사건에 만약 이런 입찰자가 있다면 가장 강력한 경쟁자(즉, 내가 추월해야만 할 입찰자)가 되는 것은 바로 이런 입찰자다. 따라서 이런 경우에는 과연 이를 추월하면서까지 입찰해도 좋을 것인지를 다시 한번 따져봐야 한다. 또한, 이런 입찰자는 대개 다음 2가지의 시각으로 가격을 평가하게 되므로 역으로 나 또한 그 시각으로 입찰가를 파악해봐야 한다.

①복성가격: 처음부터 다시 신축한다는 가정하에 산출하는 가격
②거래사례비교법: 주변에서 거래되는 시세에 의해 가격을 산출하는 방법

5. 입찰자 유형⑤: 채무자가 제3의 명의인을 내세워 입찰하는 경우

이때는 채무자가 해당 물건에 대한 가치(자신이 투입한 원가)를 누구보다 더 정확히 알고 있으므로 복성가격 수준의 가격으로 입찰을 해야겠으나, 그리하면 채무탕감의 효과가 없게 되므로 이런 목적으로 채무자가 입찰하는 경우에는 대개 저렴한 금액으로 입찰해 경매라는 수단을 이용해 깨끗하게 채무를 탕감(속칭 '세탁')을 받고자 한다. 따라서 이런 입찰자의

가격이 나의 상대가 되는 경우는 극히 드물다.

6. 입찰자 유형⑥: 채무자의 광고 활동(채무자의 추천)에 의한 제3 입찰자의 입찰 시

이런 경우는 채무자가 채무탕감을 위해 적극적인 광고 활동(추천)을 하고 그에 따라 제삼자가 입찰하는 경우이며, 이런 경우에는 비합리적인 응찰가가 나올 수가 있어 대개 추격이 불가능하다.

전 낙찰자가 NPL 채권자인 재경매 사건의 전 낙찰가에 현혹되지 말라

재경매 사건에서 전 낙찰자가 NPL 채권자일 경우 낙찰가는 의미가 없으니 이런 경우 전 낙찰가에 현혹되지 말라.

이런 경우는 대개 전 낙찰자가 시세 조정을 위해 정상 시세보다 높은 금액(허수)으로 낙찰받았다가 스스로 취하를 시킨 경우이므로 주의를 요하는데, 그 이유는 무엇이며 이때 전 낙찰자는 포기한 입찰보증금을 고스란히 손해를 보지 않는지를 알아보자.

1. 이는 주로 배당 투자 목적으로 채권을 양수한 후 호객(呼客) 행위를 하려는 목적이다

어차피 유입 목적으로 채권을 구입했다면 당연히 낙찰을 포기하지 않을 것이기 때문이며, 따라서 이런 경우는 다음과 같은 경우라고 보아야 한다.

1) 방어입찰에 참여했으나 입찰자가 없거나 본의 아니게 최고가매수인이 된 경우

이런 경우는 배당 투자 목적으로 채권을 구입한 후 매각가가 무한정 떨어지는 것을 방지하기 위해 방어입찰의 목적으로 입찰에 참여했다가 자신 외 아무도 입찰에 참여하지 않았거나, 설령 타인이 입찰에 참여했다 하더라도 방어입찰가격 이하로 참여해 본의 아니게 채권자 자신이 최고가매수인이 된 후, 경락잔금을 미납하고 포기한 경우를 말한다.

2) 처음부터 의도적으로 고가낙찰을 유도하기 위한 눈속임을 하는 경우

객관적인 낙찰가 자료를 확보해 눈속임으로 시세조정을 하고자 처음부터 의도적으로 고가의 최고가매수인 또는 고가의 차순위입찰자의 지위를 확보한 후, 경락잔금을 미납하고 낙찰을 포기한 경우를 말한다.

2. 낙찰 포기 시 입찰보증금은 고스란히 손해를 보지 않는가? 그렇지가 않다

1) 낙찰 포기에 의한 경우: 이때 포기한 입찰보증금은 배당으로 회수한다

① 차순위매수신고인이 없는 경우

특별한 경우가 아닌 한 NPL은 할인매각 또는 저당 여유가 있는 상태이므로 채권 보유자가 경락잔금을 미납해 입찰보증금을 포기한다 하더라도 추후 매각 시 다시 배당으로 회수되기 때문이며, 이는 주머닛돈이 쌈짓돈이 되는 것과 같은 원리다.

② 차순위매수신고인이 있는 경우

차순위매수신고는 최고가매수가격과의 차이가 입찰보증금 이내일 경우에 성립하고, 특별한 경우가 아닌 한 NPL은 할인매각 또는 저당 여유가 있는 상태이므로 채권 보유자가 경락잔금을 미납해 입찰보증금을 포기한다 하더라도 추후 차순위매수신고인의 대금 납부 시 다시 배당으로 회수되기 때문이다.

2) 경매 취하에 의한 경우: 단, 경매 신청 채권자일 경우에 한한다

① 중복경매 신청이 없는 경우: 경매 취하(경매 취하로 입찰보증금 회수)

이때는 경매를 취하해 입찰보증금을 되돌려 받은 후 계속해 채권매각작업을 진행하다 여의치 않을 경우 추후 다시 경매를 신청할 수가 있기 때문이다.

② 중복경매 신청이 있는 경우: 경매 취하(경매 취하로 입찰보증금 회수 및 배당)

이때는 자신이 신청한 경매 사건은 취하해 입찰보증금을 돌려받고 중복경매 신청사건으로 경매가 진행(낙찰)된 후, 역시 배당으로 채권을 회수한다.

3) 결론

NPL의 경우에는 특별한 경우가 아닌 한 채권의 할인구입, 저당 여유, 입찰경쟁우월지위 등으로 말미암아 채권 보유자인 낙찰자가 낙찰을 포기하든, 경매 신청을 취하하든 입찰보증금의 손실은 없게 되는 것이다.

경매 절차 진행 중 NPL을 구입한 경우, 어떤 조치를 해야 하나?

1. 임의경매인 경우

집행개시 후 신청채권자의 저당권에 관해 특정승계(피담보채권과 함께 저당권이 양도되거나 전부명령에 의해 전부된 경우, 민법 제481조에 의해 대위변제자가 저당권을 취득한 경우 등)가 있는 경우 담보권의 승계를 증명하는 서류를 경매 법원에 제출해 채권자변경을 해야 한다(민사집행법 제264조 제2항).

2. 강제경매인 경우

1) 경매 신청 채권자의 채권을 구입한 경우

채권양도자의 인감증명이 첨부된 양도증서와 민법 450조에 의한 대항요건을 갖춘 서면(확정일자를 갖춘 양도통지가 되었다는 배달증명)의 소명자료를 제출해 민사집행법 제31조 및 민사집행규칙 제23조에 따라 승계집행문을 발급받아 해당 경매계에 제출해 채권자(경매 신청 채권자)변경신고를 해야 한다.

2) 경매 신청 채권자가 아닌 채권을 구입한 경우

경매 신청 채권자가 아닌 채권을 구입한 경우란 경매 신청자가 아닌 가압류채권을 구입한 경우를 말하는 것으로, 가압류권자의 변경등기는 불가하므로 이때는 배당기일 채권양도자의 인감증명이 첨부된 배당금수령위임장을 지참해 배당을 받는다. 단, 이때도 그 이전에 채권양도자의 인감증명이 첨부된 양도증서와 민법 제450조에 의한 대항요건을 갖춘 서면(확정일자를 갖춘 양도통지가 되었다는 배달증명)을 갖추고 있어야 함은 물론이다.

Q-43 공장 등의 경우 낙찰 후 등기 시 취득세를 과오납할 수 있다

특히 공장 등의 취득에 있어서 자칫 주의를 게을리하면 토지·건물이 아닌 기계장치 등의 경우, 등기·등록을 요하는 중기 등이거나 토지·건물에 결합한 종물 또는 부합물이 아닌 이상 동산으로 취급해 취득세의 과세대상이 아님에도 불구하고 취득세 고지서 발급 시 낙찰대금에서 이를 구분해 차감하지 않고 그대로 신고해 스스로 취득세를 과오납할 수가 있기 때문이다. 따라서 등기 시 필히 이를 잘 구분해 차감하되, 만약 법무사에게 등기업무를 위임할 시에도 필히 이를 미리 지적해주어야 한다.

통상 실무에서 기계장치를 취득세 과세대상인 토지·건물과 분리해 신고할 때는 기계장치에 대해 취득세고지서 발급 시 토지·건물에 견고하게 부착된 장치가 아니고 쉽게 탈착해 이동이 용이한 동산이라는 증거제시와 함께 그 소명(내용)을 기록하게 한다.

경매 관련 각종 법률개정에 항시 유의해야 한다

우리나라의 조세 관련 법률은 말할 것도 없거니와 경매와 관련한 법률도 수시로 개정이 이루어지고 있으므로 이러한 법률의 개정에 항시 유의해야 한다. 그 이유는 현재(19대 국회) 유치권에 대해도 개정안이 국회(법사위)에 계류 중이며, 그 외에도 많은 법률이 수시로 개정이 이루어지고 있기 때문이다.

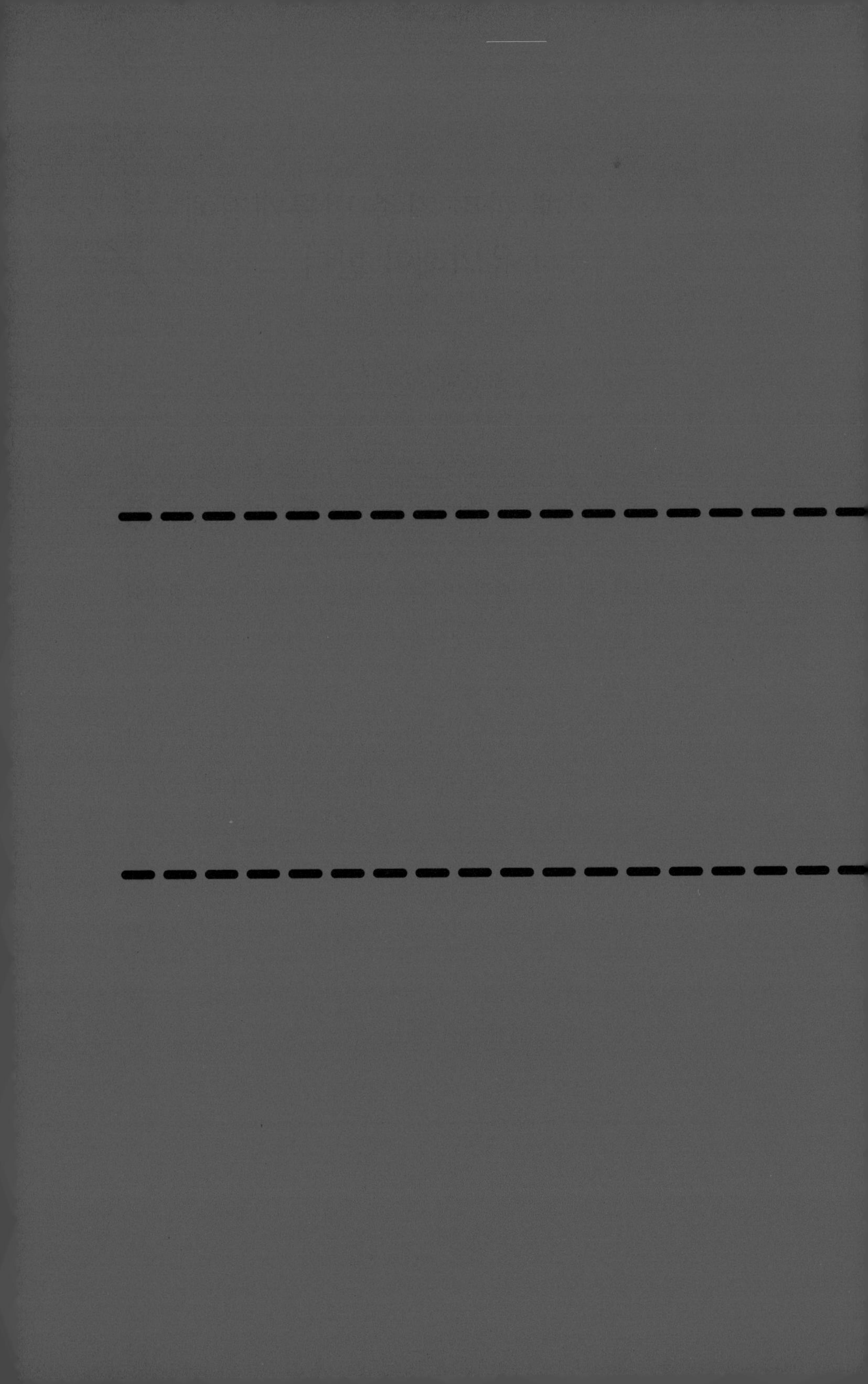

제 02 부

주택 및 상가 임차인에 관한 분석 시 유의사항

어떤 건물에 주·임·법을 적용하고 어떤 건물에 상·임·법을 적용할까?

주·임·법 적용을 해야 하는지 상·임·법 적용을 해야 하는지, 대상건물의 종류에 따라 어떻게 적용법률이 달라질까?

1. 대상물건 전체가 주택인 경우

1) 일부 또는 전부를 주택임대차로 계약한 경우: 주·임·법 적용

2) 일부 또는 전부를 상가임대차로 계약한 경우

사업자등록이 가능해 사업자등록을 한 경우에는 상·임·법을 적용하고, 사업자등록이 불가능하거나 하지 않은 경우에는 민법상 임대차 규정을 적용한다.

2. 대상물건 전체가 상가인 경우

1) 일부 또는 전부를 주택임대차로 계약한 경우

일부 또는 전부를 주택임대차로 계약했다 해도 대상물건 전체가 상가이기 때문에 원칙적으로는 주·임·법이 아닌 민법상 임대차 규정이 적용되지만, 임대차계약체결 당시 주거용으로 사용 중이었고 이를 주택임대차로 계약한 경우에는 예외적으로 주·임·법이 적용된다(서울고법2007나106032).

2) 일부 또는 전부를 상가임대차로 계약한 경우

이 경우에도 사업자등록이 가능해 사업자등록을 한 경우에는 상·임·법을 적용하고, 사업자등록이 불가능하거나 하지 않은 경우에는 민법상 임대차 규정을 적용한다.

3. 대상물건이 겸용주택(일명 '상가주택')인 경우(소득세법 시행령 제154조 제3항)

1) 주택면적이 큰 경우: 전체를 주택으로 본다

주택면적이 큰 경우 전체를 주택으로 보므로 전체를 주택임대차로 계약한 경우에는 주·임·법이 적용되지만, 전체를 상가임대차로 계약하고 사업자등록이 가능해 사업자등록을 한 경우에는 상·임·법이 적용되고, 사업자등록이 불가능하거나 사업자등록을 하지 않은 경우에는 민법상 임대차 규정을 적용한다.

만약 주택 부분과 상가 부분을 달리해 계약한 경우, 주택 부분 임대차계약은 주·임·법을 적용하고 상가 부분 임대차계약에 있어 사업자등록이 가능해 사업자등록을 한 경우에는 상·임·법을 적용하고 사업자등록이 불가능하거나 하지 않은 경우에는 민법상 임대차 규정을 적용한다.

2) 주택면적이 작거나 같은 경우(소득세법 시행령 제154조 제3항)

주택 부분은 주택으로 보고(주·임·법 적용), 상가 부분은 상가로 보므로(상·임·법 적용) 전체를 주택임대차로 계약한 경우라 하더라도 원칙적으로는 주·임·법이 아닌 민법상 임대차 규정을 적용해야 하지만, 건물 중 비주거용으로 사용되는 부분이 더 넓어도 주거용으로 사용되는 부분도 상당한 면적이고, 이 부분이 임차인의 유일한 주거인 경우에는 예외적으로 주·임·법이 적용된다(대법원94다52522, 96다5971).

전체를 상가임대차로 계약한 경우 사업자등록이 가능해 사업자등록을 한 경우에는 상·임·법이 적용되고 사업자등록이 불가능하거나 하지 않은 경우에는 민법상 임대차 규정이 적용된다.

주택 부분과 상가 부분을 달리해 계약한 경우 주택 부분을 주거용으로 임대차계약을 체결했다면 주·임·법이 적용되고, 상가 부분을 상가로 임대차계약을 체결하고 사업자등록이 가능해 사업자등록을 한 경우에는 상·임·법이 적용되고, 사업자 등록이 불가능하거나 하지 않은 경우에는 민법상 임대차 규정이 적용된다.

3) 각종 판례

판례는 가능한 주택으로 보는 범위(주·임·법 적용)를 넓게 적용하려는 추세에 있다.

☞ 주택으로 보는 판례(주·임·법을 적용한 판례)

▷ 대법원1996.5.31.선고 96다5971판결(건물명도 등)

1층이 공부상으로는 소매점으로 표시되어 있으나 실제로 그 면적의 절반은 방(2칸)으로, 나머지 절반은 소매점 등 영업을 하기 위한 홀로 이루어져 있고, 피고가 이를 임차해 가족들과 함께 거주하면서 음식점영업을 하며 방 부분은 영업 시에는 손님을 받는 곳으로 사용하고, 그때 외에는 주거용으로 사용한 경우: 주·임·법 적용

▷ 대법원1995.3.10.선고 94다52522판결(건물명도)

공부상으로는 단층 작업소 및 근린생활시설로 표시되어 있으나 실제로 '갑'은 주거 및 인쇄소 경영 목적으로, '을'은 주거 및 슈퍼마켓 경영 목적으로 임차해 가족들과 함께 입주해 그 곳에서 일상생활을 영위하는 한편 인쇄소 또는 슈퍼마켓을 경영하고 있으며, '갑'의 경우는 주거용으로 사용되는 부분이 비주거용으로 사용되는 부분보다 넓고, '을'의 경우는 비주거용으로 사용되는 부분이 더 넓기는 하지만 주거용으로 사용되는 부분도 상당한 면적이고, 위 각 부분이 '갑', '을'의 유일한 주거인 경우: 주·임·법 적용

☞ **주택으로 보지 않는 판례(주·임·법을 적용하지 않은 판례)**

▷ 대법1996.3.12.선고 95다51953판결(배당이의)
방2개와 주방이 딸린 다방의 주방을 주거목적에 사용한다고 하더라도 이는 다방의 영업에 부수적인 것으로, 주·임·법2조 후단에서 말하는 '주거용 건물의 일부가 주거 외의 목적으로 사용되는 경우'에 해당되지 않는다(즉, 주·임·법 적용 제외).

4) 결론

결론적으로 임차인으로서는 겸용주택에 있어 주택면적이 더 큰 경우가 아니라면 일괄해서 주택으로 해서 하나의 계약으로 체결할 것이 아니라 주택 부분은 주택임대차계약을 체결하고, 상가 부분은 상가임대차계약을 체결하는 것이 가장 안전한 방법이다.

분명히 집합건물이었는데 단독주택이라고 한다. 이 경우 유효한 전입은?

분명히 집합건물이었는데, 건축물관리대장상 단독건물이라고 한다. 이런 경우 임차인이 호수를 다르게 전입한 경우에도 유효한 걸까?

결론부터 말하자면, 이런 경우 다른 호수로 전입했다 하더라도 유효하다. 비록 집합건물처럼 각 호실의 표시가 되어 있다 하더라도 실제로는 단독(다가구)주택인 경우가 있는데, 이와 같이 집합건축물관리대장이 아닌 단독건축물관리대장이 발급되는 경우에는 설령 다른 호수에 전입신고를 했다 하더라도 유효한 전입이 되기 때문에 권리분석 시 각별히 유의해야 한다.

임차인별 대항력과 우선변제권배당의 효력 발생 시점은?

낙찰받은 다가구주택에 다양한 임차인이 있다. 임차인별 대항력과 우선변제권(배당)의 효력 발생 시점은 어떻게 될까?

1. 임차인의 대항력과 우선변제권(배당)의 효력 발생 시점

1) 임차인의 대항력 효력 발생 시점

주택의 인도와 주민등록을 마친 다음 날 취득한다.

2) 임차인의 우선변제권(배당) 효력 발생 시점

대항력 발생과 확정일자 중 늦은 일자

2. 근저당보다 임차인의 대항요건(전입)과 확정일자가 앞선 경우

[예: 1월 1일/甲 임차인(5,000만 원) 전입+확정일자 ⇒ 1월 2

일/乙 근저당설정 1억 원 ⇒ 낙찰 1억 원]

1) 甲의 대항력 효력 발생

1월 2일 0시(대항력 있음: 확정일자는 대항력과는 무관)

2) 甲의 우선변제권(배당) 효력 발생

1월 2일 0시(확정일자는 1월 1일이나 대항요건의 효력 발생 기준이 1월 2일 0시이므로)

3) 乙의 우선변제권(배당) 효력 발생

1월 2일 09시(관공서 업무개시시간 기준)

4) 우선변제권(배당) 적용순위

① 甲이 배당요구를 하지 않은 경우

▷乙 근저당: 1억 원 배당 ⇒ 甲 배당: 0(배당신청을 하지 않았으므로)

▷甲 임차권 5,000만 원 ⇒ 낙찰자 인수(대항력 있으므로)

② 甲이 배당요구를 한 경우

甲 임차권: 5,000만 원 배당 ⇒ 乙 근저당: 5,000만 원 배당

3. 임차인의 확정일자만 앞서고 전입신고와 근저당이 동일자인 경우

[예: 1월 1일/甲 임차인(5,000만 원) 확정일자 ⇒ 1월 2일/甲 임차인 전입신고, 乙 근저당설정 1억 원 ⇒ 낙찰 1억 원의 경우]

1) 甲의 대항력 효력 발생

1월 3일 0시(대항력 없음: 확정일자는 대항력과는 무관)

2) 甲의 우선변제권(배당) 효력 발생

1월 3일 0시(확정일자는 1월 1일이나 대항요건의 효력 발생기준이 그 뒤인 1월 3일 0시이므로)

3) 乙의 우선변제권(배당) 효력 발생

1월 2일 09시(관공서 업무개시시간 기준)

4) 매각대금: 1억 원의 우선변제권(배당) 적용순위

▷乙근저당: 1억 원 배당 ⇒ 甲 배당: 0(우선변제권의 효력이 乙보다 후순위이므로)

4. 확정일자와 근저당 2건이 동일자이나 근저당 간 접수(순위) 번호가 다른 경우

{예: 1월 1일/甲 임차인(4,000만 원) 전입신고 ⇒ 1월 2일/甲 임차

인 확정일자, 乙 근저당[순위번호1(접수번호1111)] 4,000만 원 = 丙 근저당[순위번호2(접수번호1112)] 4,000만 원의 경우}

1) 甲 임차인의 대항력 효력 발생

1월 2일 0시(즉, 대항력 있음)

2) 甲의 우선변제권(배당) 효력 발생

1월 2일 09시(대항요건은 이미 갖추었기 때문)

3) 乙의 우선변제권(배당) 효력 발생

1월 2일 09시(관공서 업무개시시간 기준)

4) 丙의 우선변제권(배당) 효력 발생

1월 2일 09시(관공서 업무개시시간 기준)

5) 우선변제권(배당) 적용

①甲, 乙, 丙 동순위로 안분배당(확정일자와 등기권리가 동일자일 경우 그 순위를 구분할 수 없기 때문) ⇒ ②乙이 후순위인 丙으로부터 부족액을 흡수(乙과 丙은 등기권리로 등기부상 그 순위가 명쾌히 구분되어 있고 乙이 丙보다 그 순위가 앞서기 때문) ⇒ ③甲의 배당부족 시 낙찰자가 인수(대항요건이 선순위여서 대항력이 있으므로)

*이때 만약 乙, 丙의 순위번호와 접수번호가 같을 경우에는 乙이 흡수할 수가 없다.

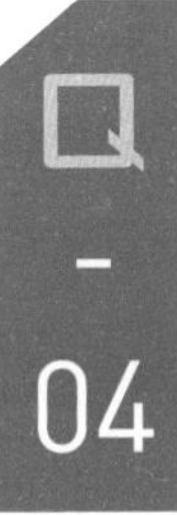

전소유자와 선행사건 임차인의 대항력 취득 시점은 다르다

점유자가 전소유자(점유개정)인 경우와 선행사건의 임차인인 경우의 대항력 취득 시점이 서로 다르다.

1. 임차인이 전소유자인 경우(점유개정): 대법원99다59306, 98다32939판결

대항요건을 갖췄을 경우 소유권이전 익일(0시)부터 대항력의 효력이 발생한다.

2. 선행사건의 임차인인 경우

1) 선행사건 임차인의 대항력: 낙찰자의 낙찰대금 납부(소유권 취득) 즉시(동시에)

경매 절차에서 주민등록은 되어 있으나 말소기준권리 이후

여서 대항력은 없는 종전 임차인과 낙찰인과의 사이에 새로이 임대차계약을 체결하고 이후 경락인이 낙찰대금을 납부한 경우, 종전 임차인의 주민등록은 낙찰인의 소유권취득 이전부터 낙찰인과 종전 임차인 사이의 임대차관계를 공시하는 기능을 수행하고 있었으므로, 종전 임차인은 당해 부동산에 관해 낙찰인이 낙찰대금을 납부해 소유권을 취득하는 즉시(동시에) 임차권의 대항력을 취득한다. 따라서 선행사건의 임차인은 선행사건 낙찰자에게 경락잔금을 대출한 근저당권자에 대해 대항력을 갖는다(대법원2002다38361판결).

2) 선행사건 임차인의 우선변제권

① 임차인이 낙찰자의 소유권이전일(근저당권설정일) 전에 확정일자를 받은 경우

임차인의 대항력은 전경매 사건 낙찰자가 소유권을 취득하는 즉시(동시에) 취득하므로 우선변제권도 근저당권자보다 앞선다[계약서상 입주(잔금) 일자는 소유권이전 전이다].

② 임차인이 낙찰자의 소유권이전일(근저당권설정일) 확정일자를 받은 경우

이때는 확정일자와 근저당의 우열을 가릴 수가 없으므로 동순위가 된다.

3. 이중경매 사건에서의 우선변제권(배당신청)의 소멸 여부: 대법원2005다21166, 98다4552

1) 전경매 사건에서 우선변제권(배당신청)을 행사한 경우: 소멸(대항력은 행사 가능)

이는 이중경매가 아닌 임대인을 상대로 보증금반환청구소송을 제기해 승소판결을 받은 뒤, 그 확정판결에 기해 1차로 강제경매를 신청한 경우에도 마찬가지다.

2) 전경매 사건에서 우선변제권(배당신청)을 행사하지 않은 경우: 우선변제권 행사 가능

이때는 우선변제권(배당신청)과 대항력을 동시에 행사할 수 있다.

Q-05 잔금완납 전 낙찰자와 신규로 체결한 경우 적법한 임대인이 아닐까?

맞다. 경매 물건의 잔금완납 전 낙찰자와 임대차계약을 체결한 경우에는 적법한 임대차가 아니다. 이를 선행사건 임차인과 혼동하기 쉽지만, 확연히 다른 경우다.

즉, 선행사건 임차인의 경우에는 이미 주민등록이라는 공시가 있었으므로 낙찰자의 잔금납부(소유권취득) 즉시 대항력을 취득한다는 것이고, 매각잔금완납 전 낙찰자와 신규로 임대차계약을 체결할 시는 임대인이 단순히 최고가매수인의 지위일 뿐 추후 매각잔금을 미납하고 포기할 수도 있어서 이는 적법하게 임대차계약을 체결할 수 있는 권한을 가진 자와의 임대차계약이 아니므로 이럴 경우에는 필히 잔금납부 시 다시 임대차계약을 체결해야 한다는 것이다(대법원2012다93794).

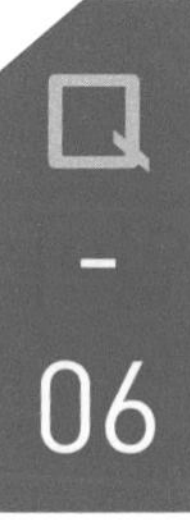

Q-06 전대한 임대아파트의 분양전환 시 전차인의 대항력 취득시점은?

임대아파트가 전대차된 상태에서 분양전환으로 소유권이 변경된 경우, 전차인은 언제 대항력을 취득하는가?

이런 경우 전차인은 매수인(수분양자)의 소유권이전 즉시(즉, 동시에) 대항력을 취득하는데(대법원2000다58026), 이는 선행사건 임차인의 경우 선행사건 낙찰자가 소유권을 취득하는 즉시(동시에) 대항력을 취득하는 것과 같은 이치다.

임차권등기의 대항력과 우선변제권[배당]은 등기접수일이 기준인가?

1. 임차권등기시점에 유의하자: 공히 대항력(인수) 여부의 점검이 중요하다

1) 경매개시기입등기 전에 임차권등기가 경료된 경우

이때는 별도의 배당신청이 없어도 배당신청을 한 것으로 본다.

2) 경매개시기입등기 후에 등기가 경료된 경우

대항력(인수) 여부의 점검이 중요하다.

① 배당요구종기 이내에 배당신청을 한 경우

이때는 확정일자(배당)와 대항력(인수) 여부를 함께 점검해야 한다.

② 배당신청을 하지 않았거나, 배당요구종기 이후에 배당신청을 한 경우

이때는 아예 배당대상이 아니므로 오로지 대항력(인수) 여부만 점검하면 된다.

특히 이미 대항력(임대차계약 체결+전입신고+전입)을 갖춘 선순위 임차인이 경매개시기입등기부터 배당요구종기 사이에 임차권등기만 하고 배당요구를 하지 않고 퇴거해 현재 점유하지 않고 있는 경우, 주의를 요한다.

이런 경우에는 임차권등기가 되어 있고 그 순위도 선순위이기 때문에 저당권자 등과 같이 당연배당이 되는 등기부상의 권리자와 같아 보여 당연히 임차권자에게 배당될 것으로 보이지만, 경매개시기입등기 후의 등기부상의 권리자는 반드시 배당요구종기 이전에 배당요구를 해야만 민사집행법 제90조(경매 절차의 이해관계인) 제4호에서 규정한 배당을 받을 수 있는 이해관계자(부동산 위의 권리자로서 그 권리를 증명한 사람)가 되기 때문에 배당은 받지 못하고, 또한 임차권등기는 주·임·법(제3조의3 제5항)상 '등기일자가 아닌 대항요건을 갖춘 시점'으로 소급해 대항력이 부여되는 관계로 인수권리가 되고 말기 때문이다.

2. 임차권등기 내용(계약일, 전입일, 점유개시일, 확정일자)을 주의 깊게 확인하자

그 이유는 비록 경매개시 이전에 임차권등기가 되었고 전입일자가 말소기준권리보다 빠르다 하더라도 점유개시일이 말소기준권리보다 후순위로 기록되어 있을 경우에는 스스로 대항요건(점유)을 늦게 갖췄다고 주장하는 것이므로, 설령 배당 부족이 발생한다 하더라도 대항력이 없어 인수권리가 되지 않기 때문이다.

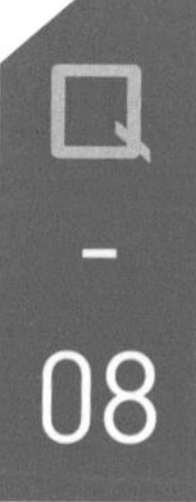

1필지상에 단독주택과 다가구주택이 있는 경우, 유효한 전입이 되려면?

1필지상 단독주택과 다가구주택이 있는 경우 또는 소유자가 다른 단독주택이 있는 경우는 집합건물처럼 점유 부분을 특정해야 유효하다고 한다. 맞는 말일까?

단독·다가구주택의 경우에는 설혹 통칭의 호수가 잘못 기재되었더라도 지번까지만 정확히 기재되어 있다면 유효하다. 하지만, 하나의 대지 위에 건물의 소유자를 달리하는 2개 이상의 단독주택이 있는 경우 또는 비록 토지·건물의 소유자가 같다고 하더라도 하나의 대지 위에 단독주택과 다세대주택(집합건물)이 있을 경우에는 단독주택에 대한 임대차라 할지라도 반드시 지번 외에도 단독주택의 건물 부분을 특정해 표시해야 한다(대법원97다29530, 2001다80204).

무상임대차확인서를 해준 경우 대항력동시이행항변권이 있을까?

다음 판례에서 보듯이 대법원2016다228215판결(건물명도)이 있기까지는 비록 선순위 임차인이 은행의 담보조사 시 이를 숨겼다 하더라도 배당만 부정할 뿐 명도에 관해서는 경매절차에서 임대차관계가 분명하게 된 이상(즉, 집행관 현황조사 시 조사가 되고 배당요구종기까지 선순위 임차인이 채권신고를 한 경우) 대항력과 동시이행항변권을 인정하고 있는 경우도 있었으나[따라서 채권자(은행)의 입장으로 보아서는 이율배반적인 결과가 되어 새로운 판례가 요구되고 있는 실정이었다], 이 판례로 다시(최종적으로) '선순위 임차인이 무상임대차확인서를 해준 경우 금반언 및 신의칙에 반해 대항력(동시이행의 항변)을 주장할 수가 없다'는 쪽으로 귀결되고 있다.

1. 배당(공통)

그 어떤 경우에도 금반언 및 신의칙에 반해 배당대상이 될 수 없다. 따라서 비록 선순위 임차인이라 하더라도 신의칙에 반해 배당신청을 할 경우, 채권자(은행)는 배당이의를 제기해 배당에서 제외시킨다.

2. 대항력과 대항력에 기한 임차보증금 반환과의 동시이행항변권

1) 종전 판례

① 경매 절차에서 분명해진 경우(즉, 현황조사 시 포함 또는 배당요구 종기까지 채권신고)

이때는 비록 배당에서는 제외되나 진정한 선순위 임차인일 경우 대항력에 기해 행사하는 임차보증금 반환과의 동시이행의 항변권을 행사할 수 있다고 하고 있다. 하지만 설령 그렇다 하더라도 이런 경우의 선순위 임차인이 채무자인 경우에는 금반언 및 신의칙에 위배되어 대항력과 동시이행항변권이 허용되지 않는다는 것이다(대법원99마4307 결정).

② 경매 절차 종료 시까지 불명확해 채권은행도 몰랐던 경우

즉, 현황조사 시 조사되지 않았거나 배당종기까지 채권신고를 하지 않은 경우를 말하는 것으로, 이때는 대항력에 기한 임차보증금 반환과의 동시이행항변권이 없다.

2) 최근(최종) 판례 : 대법원2016.12.1.선고 2016다228215판결(건물명도)

금반언 및 신의칙에 반해 대항력(동시이행의 항변)을 주장할 수 없다.

> ☞ **대법원2016.12.1.선고 2016다228215판결: 건물명도**
>
> 근저당권자가 담보로 제공된 건물에 대한 담보 가치를 조사할 당시 대항력을 갖춘 임차인이 임대차 사실을 부인하고 건물에 관해 임차인의 권리를 주장하지 않겠다는 내용의 무상임대차 확인서를 작성해주었고, 그 후 개시된 경매 절차에 무상임대차 확인서가 제출되어 매수인이 확인서의 내용을 신뢰해 매수신청금액을 결정하는 경우와 같이, 임차인이 작성한 무상임대차 확인서에서 비롯된 매수인의 신뢰가 매각절차에 반영되었다고 볼 수 있는 사정이 존재하는 경우에는, 비록 매각물건명세서 등에 건물에 대항력 있는 임대차 관계가 존재한다는 취지로 기재되었더라도 임차인이 제삼자인 매수인의 건물인도청구에 대해 대항력 있는 임대차를 주장해 임차보증금 반환과의 동시이행의 항변을 하는 것은 금반언 또는 신의성실의 원칙에 반해 허용될 수 없다.

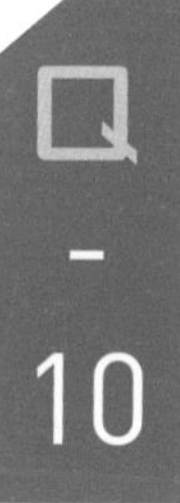

선순위 임차인이 일부증액보증금만 배당요구할 수도 있나?

있다. 배당요구를 한 선순위 임차인이라 하더라도 배당요구액이 실제 임차보증금과 일치하는지를 체크해야 한다. 만약 임차인이 대항력 있는 원래의 보증금은 배당요구를 하지 않고, 후일의 증액된 보증금만 배당요구를 했음에도 불구하고 이를 간과했을 시는 소멸되지 않는 선순위 임차보증금을 인수하는 경우가 있을 수도 있기 때문이다.

Q - 11

하나의 임대차계약서에 2개의 확정일자가 있는 경우도 있다

그런 경우 유효한 것인가? 만약 유효하다면 대항력은 어떻게 되고 우선변제, 소액최우선변제는 또 어떻게 되는 것인가?

1. 2개의 확정일자가 유효한 기준 : 나중의 확정일자가 2013.12.31.이후인 경우

이는 주로 임대차계약을 연장하며 보증금을 증액하는 경우 일어나는 것으로, 전에는 하나의 임대차계약서에 2개의 확정일자가 있는 경우 유효하지 않았으나, 2013.12.31. '주택임대차계약증서상의 확정일자 부여 및 임대차 정보제공에 관한 규칙'[법무부령 제727호(제정: 2010.12.29./시행: 2011.1.1.] 제3조 제6호가 개정됨에 따라 하나의 임대차계약서에 증액계약(재계약)으로 인해 2개의 확정일자가 있어도 유효하게 되었다.

따라서 아직도 증액 부분에 확정일자를 받지 않았다면 동사무소에 가서 확정일자를 받아야 하며, 만약 동사무소에서 이중으로 확정일자 날인을 거부할 시 이 규정을 들어 관철해야 한다.

> ☞ **주택임대차계약증서상의 확정일자 부여 및 임대차 정보제공에 관한 규칙**
>
> **제3조(확정일자 부여 시 확인사항)**
> 확정일자부여기관은 계약증서에 확정일자를 부여하기 전에 다음 각호의 사항을 확인해야 한다.
> 6.확정일자가 부여되어 있지 아니할 것. 다만, 이미 확정일자를 부여받은 계약증서에 새로운 내용을 추가 기재해 재계약을 한 경우에는 그러하지 아니하다. [전문개정 2013.12.31]

2. 확정일자가 2개인 경우의 대항력

당초 대항요건을 갖춘 시점

3. 확정일자가 2개인 경우의 우선변제권(배당)

확정일자별로 구분해 적용

4. 보증금이 증액된 경우의 소액임차보증금 적용 기준

1) 적용 보증금액

배당 시를 기준으로 합산한 금액(대구지법 2003가단134010)

2) 기준일

최초 근저당설정을 기준으로 하되 당해 근저당 소멸 시 순차적으로 기준 이동

5. 소액최우선변제를 위한 배당대상 임차인의 실무 대응방법

1) 하나의 계약서에 증액표시를 하지 않고 별도의 증액계약서를 작성한다

2) 예상배당을 해 전체 채권에 비해 배당가액이 부족한 경우

법원에 따라서는 소액보증금에 해당하는 기존 계약서와 증액된 계약서 둘 다 제출할 시 기존 계약서의 보증금에 대해서만 최우선소액배당을 하는 경우도 있으나 이럴 경우 다른 채권자의 배당이의의 대상이 될 수도 있으며, 법리상 합산한 금액을 적용하게 되어 있으므로 법원이 합산한 금액을 기준으로 적용해 소액최우선변제대상에서 제외해도 이는 전혀 이의의 대상이 될 수 없다. 따라서 이런 경우에는 둘 다 제출할 것이 아니라 안전하게 뒤의 증액된 보증금은 청구하지 말고 소액임차 보증금의 범위에 포함되는 증액 전의 임대차계약서만 제출하고 그에 대한 보증금만 청구해 최우선변제대상 소액보증금만 회수해야 하며, 이를 위해 소액임차인이 보증금을 증액할 경우에는 기존 계약서에 증액표시를 할 것이 아니라 기

존의 계약서는 둔 채 증액 부분만 따로 새로이 작성해 확정일자를 받도록 해야 한다.

3) 경매 시 예상배당을 해 전체 채권에 비해 배당가액이 여유가 있는 경우

드물겠지만 만약 이런 경우에 해당한다면 증액된 임대차계약서 전부를 제출해 전부에 대해 청구해야 한다. 왜냐하면 이런 경우는 굳이 최우선변제 소액임차인으로서가 아니라도 확정일자 등의 요건을 결하지 않는 한 보증금 전액을 회수할 수 있음에도 불구하고 일부만을 청구할 경우 나머지는 아예 배당을 받을 수 없는 일이 발생하기 때문이다.

Q - 12 말소기준권리가 전세권이고 2순위가 동일인의 임차권인 경우

말소기준권리가 전세권이고 2순위가 동일인의 임차권이나 임차인의 배당이 부족한 경우, 2순위 임차권이 소제되는 걸까? 인수되는 걸까?

이때는 비록 말소기준권리 이후의 임차권이지만, 소제되지 않고 부족분이 인수된다.

선순위 임차인이 후순위 전세권자를 겸한 경우 주의해야 한다

이때는 임차권으로서 배당신청을 했는지, 전세권으로서 배당신청을 했는지를 파악해야 한다. 그렇게 해서 만약 배당이 완결되는 임차권으로서 배당신청을 하지 않고 배당이 부족한 전세권자로서 배당신청을 했다면 배당부족액을 인수할 수 있으므로 주의해야 한다.

또한 착각하기 쉬운 것으로, 이 경우는 선순위 임차권이 말소기준권리가 될 수는 없으므로 말소기준권리가 되는 선순위 전세권자와 후순위 임차인이 동일인인 경우와는 다르다.

전세권자와 임차권자가 같지만 계약 대상 부분이 다를 수가 있다

그렇다. 만약 건물의 일부는 전세로, 다른 일부는 임차인으로 계약을 체결하고 대항요건을 갖췄을 때(즉, 홍길동이 2층은 전세계약을 체결해 전세권등기를 하고, 1층은 홍길동이 임대차계약을 체결하고 대항요건을 갖췄을 시)는 서로 권리관계가 다르기 때문에 비록 동일인이라 하더라도 각각 달리 권리분석을 해야 한다.

법인이 체결한 임대차일 경우 수익실현의 기회가 될 수도 있다

1. 법인이 체결한 임대차일 경우 임차인과 전입인의 대조가 필요한 이유

그 이유는 개정된 주·임·법에 따라 임차인이 자연인이 아닌 경우에도 특수한 법인(LH공사, 서민주택 공급을 목적으로 설립한 지방공사, 중소기업기본법상의 중소기업)에게는 주·임·법을 적용하고 있기 때문인데, 이때 매각물건명세서상 임대차계약자는 법인이지만 실제 전입(대항요건)을 한 사람은 무주택자 또는 중소기업의 직원이기 때문이다.

물론 이런 경우 매각물건명세서상 그 내용이 기록되어 있지 않은 상태에서 낙찰받았을 때는 매각불허가 신청이나 경매에서의 매도인의 담보책임(민법 제578조)을 물을 수도 있겠지만 이 또한 적기에 대처하기 위해서는 내용을 숙지하고 있어야 한다.

2. 임차인이 변경된 경우의 수익실현 방법

비록 주·임·법 적용대상 중소기업이 선순위로 임대차계약을 체결해 대항력을 갖췄다 하더라도 계약기간 중 전입한 직원이 변경되었을 경우에는 변경된 직원이 대항요건을 갖춘 날의 순위에 따르므로(주·임·법 제3조 제3항) 이를 유심히 살펴보면 후순위 채권을 취득하는 등의 방법으로 의외의 수익을 올릴 수도 있다.

소액최우선변제도가 부정되는 사례가 있다

다음과 같은 경우에는 비록 소액최우선변제 범위 내의 임차인이라 하더라도 소액최우선변제가 배제됨은 물론 경우에 따라서는 형사 고발을 당할 수도 있다.

1. 허위임대차계약을 체결한 경우

인천지방법원부천지원 2001.5.18. 선고2001고단23판결[경매 방해(징역 10개월 선고)]

2. 과다채무 등으로 곧 경매가 개시될 것을 알면서 임대차계약을 체결한 경우

대법원2013.12.12. 선고 2013다62223판결(배당이의)

3. 동일주택을 동일세대원간 분할계약하거나, 방 1칸씩 여러 세대와 임대차계약한 경우

▷대법원2000다53397판결(배당이의)

▷대법원2001다18513판결

4. 담보신탁 이후의 임차인과 임차권등기명령에 의한 임차권등기 이후의 임차권등기부분에 대한 임차인

이런 경우에도 소액최우선변제권이 없으므로 배당분석 시 유의해야 한다. 반대로 임대인의 입장에서는, 부동산 담보대출 시 담보신탁을 이용하면 신탁수수료가 추가로 발생하는 반면 이런 이유(소액최우선변제대상 방 공제 제외)로 대출액을 더 받을 수 있는 이점이 있다.

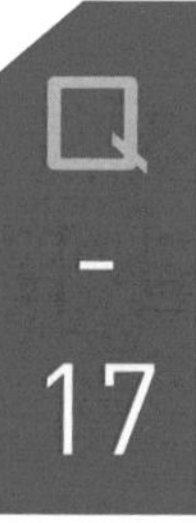

법원사건기록매각물건명세서상 임대차관계 미상의 경우에는?

이럴 때 정말로 인수해야 할 선순위 임차인이 있는 경우는 드물다. 이유는 진성임차인이 권리신고를 게을리하는 경우가 드물고, 대체로 가장임차인의 경우 배당신청을 하지 않기 때문이다. 그렇다고 만의 하나까지 등한시할 수는 없으므로 이런 경우에는 어쩔 수 없이 주민센터전입세대열람, 확정일자부열람 및 현장확인 등으로 인수되는 선순위 세입자가 있는지를 파악해야 한다.

세대합가, 세입자의 대위변제, 가장임차인은 어떻게 확인할까?

1. 세대합가의 경우 확인방법

1) 세대원(박**)이 먼저(2013.1.1) 전입하고 추후(2015.8.1) 세대주(김**)가 전입

전입세대열람 내역(동거인 포함)

행정기관: 서울특별시 서초구 ○○동

작업일시: 2000년 ○월 ○○일 ○○:○○

신청주소: 경기도 부천시 송내동 409, ○○아파트 ○○○동 ○○○○호

순번	세대주성명	전입일자	등록구분	최초전입자	전입일자	등록구분	동거인수	동거인 사항
	주소							순번 성명 전입일자 등록구분
1	김**	2015.8.1	거주자	박**	2013.1.1	거주자		
	경기도 부천시 송내동 409, ○○아파트 ○○○ 동 ○○○○호							

– 이하 백 –

2) 다른 세대원(동거가족)이 먼저 전입하고 추후 세대를 합가한 경우

다음과 같이 같은 순번에 나타난다는 것은 같은 주민등록표상에 나타난다는 것으로, 이런 경우는 처음(2013.1.1) 아내(박**)가 다른 동거인(남편의 형제등)과 함께 전입했다가 추후(2015.8.1) 남편(세대주:김**)이 전입하며 세대를 합가한 경우다.

전입세대열람 내역(동거인 포함)

행정기관: 서울특별시 서초구 ○○동

작업일시: 2000년 ○월 ○○일 ○○:○○

신청주소: 경기도 부천시 송내동 409, ○○아파트 ○○○동 ○○○○호

순번	세대주성명	전입일자	등록구분	최초전입자	전입일자	등록구분	동거 인수	동거인 사항			
주소								순번	성명	전입일자	등록구분
1	김**	2015.8.1	거주자	박**	2013.1.1	거주자	3	1	김**	2013.1.1	거주자
경기도 부천시 송내동 409, ○○아파트 ○○○ 동 ○○○○호								2	김**	2013.1.1	거주자
								3	김**	2013.1.1	거주자

\- 이하 백 -

2. 대위변제의 경우 확인방법

대위변제는 주로 선순위 채권이 소액인 상태에서 임차보증금을 날릴 위기에 있는 후순위 임차인이나 후순위 가등기권자에 의해 이루어지는데, 대위변제의 경우에도 권리의 변동사항이기 때문에 법원기록에 명시하는 것이 원칙이다. 하지만 이는 매각물건명세서 작성 및 매각 이후의 변동사항이기 때문에

매각물건명세서상에 기록할 수도 없고 민·집·법상 이에 대한 규정도 없으며, 다만 민·집·법상 매각 이후의 권리변동에 대한 이의제기에 관한 규정(민·집·법121조, 제127조, 제129조, 제130조)이 있을 뿐이다. 따라서 이런 경우 등기부등본을 발급하지 않는 한 이를 확인할 방법이 없는데, 이런 이유로 경락잔금 지급 시는 일반매매의 경우와도 같이 필히 등기부등본을 발급해 확인해야 한다.

3. 가장임차인의 경우 확인방법

원칙적으로 부부 사이, 부모와 미성년자인 자식 사이 자식 소유의 부동산에 부모가 임차인인 경우(봉양의무)에는 임대차 관계가 성립하지 않으므로, 전입세대열람상 인수대상 임차인에 대해는 채무자와 임차인과 친·인척 관계의 여부, 임대보증금과 시세와의 비교, 현황조사보고서상의 현황도와 전입 세대수의 비교, 임대차계약서상의 내용의 불합리(중개업소의 소재지, 계약일·잔금일 등의 현실성 등), 관리비고지서상의 명의인, 금융기관 확인(대출 당시의 세입자현황) 등등으로 확인해야 한다.

하지만 부부 사이에도 이혼해 동거하지 않는 경우나 부모 소유의 부동산에 자식이 임차한 경우라 하더라도 금전거래관계가 통장으로 확인되는 등 증거가 명확한 경우에는 임대차관계가 성립할 수도 있으므로 유의해야 한다.

1) 법원사건기록(매각물건명세서)의 열람에 의한 확인(말소기준권리 및 인수권리)

통상 허위임차인의 경우 위조를 하지 않는 한 정확한 증빙이 없으므로 집행관현황조사 시의 소명에 그칠 뿐, 추후 경매법원에 배당요구 신청을 하지는 않는다.

2) 채권은행 확인

무상임대차거주확인서 등

3) 관할동사무소 전입세대열람·확인(주민등록법 제29조 제1항, 시행규칙 제14조 제1항)

등기부등본 또는 경매정보지를 지참해 열람신청을 한다.

① 2014.1.1. 이후부터는 관할주민센터(동사무소)가 아닌 다른 동사무소에서도 전입세대 전체가 표시된 열람이 가능하다(주민등록법시행규칙 제14조 제2항).

② 전입세대열람신청 시 동거인표시여부는 선택사항이므로

필히 동거인이 나오도록 발급을 요청해 선순위 동거인이 있을 시 현장에서 즉시 그 신분(관계)을 확인한다: 채무자(소유자)의 가족(세대원이 아닌 세대주의 형제자매, 친·인척)

4) 때에 따라서는 확정일자부열람 신청을 해서 부족한 정보를 보충한다

2014.1.1.부터 시행되는 개정된 주·임·법 3조의6(주·임·법 시행령 4조, 5조, 6조)에 따라 이해관계인에게 확정일자부기재사항의 자료가 제공되고 있으나, 원칙적으로 예비입찰자는 동 법률이 규정하는 이해관계인에 해당되지 않는다. 그러나 임차인은 이에 해당되므로 현지 확인 시 우호적인 임차인을 만나면 임대차계약서와 임차인의 신분증을 지참해 이를 발급받을 수가 있기 때문이다.

① 확정일자부의 임대차정보제공을 요청할 수 있는 자

▷해당 주택의 임대인, 임차인, 소유자(주·임·법 시행령 제5조 제1호, 제2호)

▷해당 주택의 등기기록에 기록된 환매권자, 지상권자, 전세권자, 질권자, (근)저당권자, 임차권자, 신탁등기의 수탁자, 가등기권리자, 압류채권자, 경매개시결정의 채권자[

하지만 가압류권자, 가처분권자, (근)저당권의 채무자(소유자가 아님), 등기신청 각하결정에 대한 이의 신청인은 확정일자부의 임대차정보제공을 요청할 수 있는 이해관계인에 포함되지 않는다.]

▷주·임·법 제3조의2 제7항에 따라 우선변제권을 승계한 금융기관(주·임·법 시행령 제5조 제4호)

▷임대인의 동의를 받아 임대차계약을 체결하려는 임차인(주·임·법 제3조의6 제4항)

따라서 임대차계약을 체결하려는 자는 원칙적으로 이를 이용해 임대차계약을 체결하기 전 보증금의 안전성 여부를 사전에 파악할 수 있다(하지만 현실적으로 임대인이 사전에 동의해주는 경우가 많지 않아 실효성이 없는 실정이다).

▷기타(주·임·법 시행령 제5조 제5호)

◎법원의 현황조사명령에 따라 현황조사를 하는 집행관(민사집행법 제85조 제1항)

◎확정일자 정보제공과 관련한 법원의 판결 등을 받은 자

② 신청인별 구비서류 및 확정일자부의 임대차정보 열람(제공) 내용

신청인		신청 시 구비서류	공통으로 제공되는 정보				선택적 제공내용	
			임대차 목적물	확정 일자 부여일	차임 보증금	임대차 기간	임대인 임차인 인적사항	전입자 성명, 주민등록번호 앞 6자리
임대인		임대차계약서, 신분증	○	○	○	○	○	○
임차인		임대차계약서, 신분증	○	○	○	○	○	○
소유자		등기부등본, 신분증	○	○	○	○	×	×
등기기록에 있는 자	환매권자	등기사항 전부증명서 (구 등기부등본), 신분증	○	○	○	○	×	×
	지상권자		○	○	○	○	×	×
	전세권자		○	○	○	○	×	×
	질권자		○	○	○	○	×	×
	(근)저당권자		○	○	○	○	×	×
	임차권자		○	○	○	○	×	×
	신탁등기의 수탁자		○	○	○	○	×	×
	가등기 권리자		○	○	○	○	×	×
	압류채권자		○	○	○	○	×	×
	경매개시 결정권자		○	○	○	○	×	×
우선변제권을 승계한 (전세대출) 금융기관		채권양도증서, 승계서류	○	○	○	○	×	×
임대차계약을 체결하려는 자 (주·임·법 3조의6 제4항)		임대인의 동의서, 임대인의 신분증 사본 등, 본인신분증	○	○	○	○	×	×
현황조사집행관 및 관련판결을 받은 자		현황조사명령서, 집행관신분증, 정보제공 관련 판결문	현황조사명령의 내용이나 판결문의 내용에 따라 공개한다.					

③ 계약서를 분실한 경우(대법원96다12474판결)

확정일자를 받은 사실이 증명되면 우선변제권이 유지된다.

5) 기타 확인방법

① 현지확인 및 탐문

▷실거주 여부 확인(실거주 시: 채무자와의 관계확인)

▷아파트 등 집합건물: 관리실 및 관리비 고지서 발급명의자 확인

▷단독·다가구주택: 가스료 고지서에 의한 도시가스사용료 발급명의자 확인 등

② 계약서 내용의 확인

중개업소 등(중개업소의 위치가 원거리일 경우는 허위일 가능성이 높다)

가장임차인이 있을 시 어떻게 처리하는 것이 가장 좋을까?

1. 입찰 전

명도 또는 합의에 필요한 적정한 금액을 감안해 입찰한다.

2. 낙찰 후

1) 일단 무조건 인도명령을 신청해 인도명령결정문을 송달한다

인도명령 신청 시는 먼저 점유이전금지가처분 신청을 접수해야 하며, 이때는 본안(명도)소송을 전제로 해 신청해야 한다.

2) 현지방문으로 다음의 판례 등을 일려주며 원만한 합의를 유도한다

① 방 1칸씩 여러 세대에 대한 임대차를 부정한 판례

대법원2001.3.23. 선고 2000다53397판결, 대법원2001.5.15.

선고 2001다18513판결

② 가장임차인에 대한 실형선고사례

부천지원2001.5.18. 선고 2001고단23판결 경매방해죄(형법 315조)를 적용해 징역 10개월 선고

3) 합의가 불가할 시: 인도명령 신청 결과에 따라 달리 대처한다

① 인도명령결정 시

인도집행을 한다.

② 인도명령기각 시

이때는 민사소송[임차권부존재 및 명도(건물인도)소송, 부당이득금반환청구 및 불법 점유에 기한 손해배상청구소송]과 형사소송을 동시에 제기하되, 반드시 가처분 신청 사유를 소명해 점유이전금지가처분 신청을 함께해야 한다.

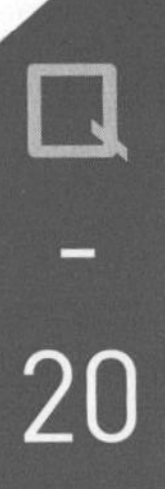

Q-20 대항력 없는 임차인이 대항력 있는 선순위 임차인의 전차인인 경우

낙찰받은 주택의 대항력 없는 임차인이 대항력 있는 선순위 임차인의 전차인으로 확인되었다. 이런 경우 어떻게 해야 할까?

대항력 있는 선순위 임차인이 임대인의 동의를 얻어 적법하게 전대한 후 퇴거를 한 경우임에도 불구하고 매각물건명세서에 대항력이 표시되지 않는 경우가 있으므로 세밀한 주의가 필요하다. 이런 경우 매각절차에 대한 이의는 별론으로 하고, 전차인이 전액배당을 받는다면 문제가 없겠으나 그렇지 않은 경우엔 문제가 되기 때문이다. 그럼 전대차의 경우엔 낙찰 후 어떤 절차에 따라 대처를 해야 하는지를 보자.

1. 낙찰 후 임차인을 접촉해 임대차계약서를 확인, 적법한 전대차인가를 확인한다

1) 임대인의 동의하에 작성되었는가?

2) 전차인은 임차인의 퇴거일로부터 주민등록법상 전입신고기한인 14일 이내에 점유와 전입신고를 했는가?(주민등록법 제8조, 제10조, 제11조, 대법원87다카2509, 94마2134)

2. 법원의 경매 사건 철을 확인한다

낙찰 이후에는 민사집행법 제90조의 규정에 의한 이해관계인이므로 경매 사건 철의 열람 및 복사가 가능하기 때문이다.

3. 확인결과 매각물건명세서상 없던 대항력이 있는 전대차로 확인되었을 시

1) 매각허가결정 전

매각불허가 신청을 한다(민사집행법 제121, 제123조).

2) 매각허가결정 후

매각허가에 대한 이의 신청을 한다(민사집행법 제121, 제123, 제127조).

3) 잔금 납부 후

아래와 같은 조치를 취한다(민법 제578조: 경매와 매도인의 담보책임). 하지만 채무자 및 경매 신청 채권자에 대한 손해배상청구나 배당채권자에 대한 부당이득금(매각대금)반환청구는 필히 매매계약의 해제가 선행되어야 한다(대법원 판례).

① 채무자(소유자)에 대해서는

'권리의 하자(대항력 있는 전대차의 존재)로 인한 매매계약의 해제와 그에 따른 낙찰대금의 반환 및 손해배상청구(하자를 알면서 고지하지 않았을 경우)' 또는 대금감액청구를 한다(하지만 자력이 없는 채무자에 대한 것은 실효성이 없다).

② 배당채권자에게는

낙찰대금의 배당 전(대법원96구 64 결정)이라면 법원을 상대로 '권리의 하자(예: 대항력 있는 임대차의 존재)로 인한 매매계약의 해제와 그에 따른 낙찰대금의 반환'을 청구해 배당재단에서 반환을 받고 낙찰대금의 배당 후라면 배당채권자를 상대로 '권리의 하자(예: 대항력 있는 임대차의 존재)로 인한 매매계약의 해제와 그에 따른 낙찰대금의 반환'을 청구해 배당금에서 반환받는다.

③ 경매 신청 채권자에게는

경매 신청채권자는 위 배당채권자의 경우와 같은데 그 이유는 경매 신청 채권자 역시 배당채권자이기 때문이다. 이때 만약 '권리의 하자(대항력 있는 임대차의 존재)'를 알면서 경매 신청을 했다면 이와는 별도로 손해배상청구를 할 수도 있다.

상가건물 일부의 임차인이 대항력을 갖추려면?

상·임·법상 대항력을 인정받기 위해서는 사업자등록 신청 시 그 임차 부분을 표시한 도면을 첨부해야 한다. 따라서 만약 상가건물 일부에 대한 선순위 임차인이 있는 물건을 낙찰받았으나 임차인의 명도가 용이하지 않을 경우에는 다시 권리분석을 해서 사업자등록 시 제삼자가 인지할 수 있는 도면을 첨부하지 않았거나 점유 부분의 표시가 공부와 일치하지 않은 경우에는 비록 선순위 임차인이라 하더라도 대법원 판례(대항력 없음)를 이용해 인도명령 신청을 진행할 수가 있으므로(기각 시는 항고 또는 명도소송) 이런 물건은 저가에 낙찰받아 수익실현의 기회가 될 수도 있다.

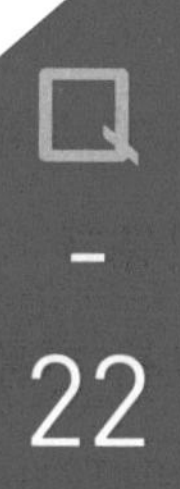

여러 경우의 임차인에 대한 대항력은 어떻게 판단해야 할까?

대항력은 건물을 기준으로 판단한다.

1. ①토지저당권 ⇒ ②건물신축 ⇒ ③임차인 입주 ⇒ ④건물저당권의 경우

1) 건물저당권에 의한 건물만 매각하는 경우

대항력이 있다.

2) 토지저당권에 의한 토지만 매각하는 경우

토지저당권설정 당시 건물이 없었으므로 원칙적으로는 대항력이 없으나, 건물의 법정지상권이 성립하는 특수한 경우 대항력이 있다.

즉, 토지저당권설정 당시 건물의 규모, 종류가 외형상 예상할 수 있는 정도까지 건축이 진전되어 있었고, 그 후 경매 절차에서 매수인이 매각대금을 다 낸 때까지 최소한의 기둥과 지붕, 그리고 주벽이 이루어지는 등 독립된 부동산으로서 건물의 요건을 갖춘 경우에는 법정지상권이 성립하고(대법원2010다67159판결), 건물에 대해서는 대항력이 있으므로 결국 대항력이 있는 결과가 된다(물론 이런 경우에도 추후 지료 미납에 의한 지상권소멸의 우려는 있을 수 있다).

3) 토지·건물 일괄매각하는 경우

대항력이 있다(대항력은 건물을 기준으로 하므로).

2. ①토지저당권 ⇒ ②임차인 전입(주민등록) ⇒ ③건물저당권의 경우 임차인의 대항력

1) 건물저당권에 의한 건물만 매각하는 경우

대항력이 있다(건물에서는 선순위이므로).

2) 토지저당권에 의한 토지만 매각하는 경우

토지저당 시 건물존재 여부에 따라 다르다.

① 토지저당권설정 당시 건물이 있었던 경우: 법정지상권 성립 여부에 따라 다르다

토지만 매각 시는 원칙적으로 건물임차인은 토지낙찰자에게는 제삼자의 위치에 있어 대항력이 없지만, 토지저당권설정 당시 건물이 있었다면 토지·건물의 소유자가 동일했는가의 여부(법정지상권 성립 여부)에 따라 실질적인 대항력이 달라진다.

토지저당권설정 당시 건물이 있었고 토지·건물의 소유자가 같았다면 법정지상권이 성립하고 건물에 대해서는 대항력이 있으므로 결국 대항력이 있는 결과가 된다(물론 이런 경우에도 추후 지료 미납에 의한 지상권소멸의 우려는 있을 수 있다).

하지만 토지·건물의 소유자가 다른 경우에는 법정지상권도 성립하지 않으므로 대항력이 없다.

② 토지저당권설정 당시 건물이 없었던 경우: 대항력이 없다

토지만 매각 시는 원칙적으로는 토지낙찰자에게는 제삼자의 위치에 있어 대항력이 없고, 토지저당권설정 당시 건물이 없었으므로 법정지상권도 성립하지 않기 때문이다.

3) 토지·건물 일괄매각하는 경우: 대항력이 있다(건물을 기준으로 하므로)

이때는 토지·건물의 소유자가 같다는 뜻이고 대항력은 건물을 기준으로 하기 때문이다. 따라서 토지저당권자는 건물이 없는 상태의 토지에 저당권을 설정할 시 추후 건물신축에 의한 담보가치의 감가나 임차인의 대항력을 방지하기 위해 저당권자의 동의 없이는 건물신축을 할 수 없도록 필히 지상권을 설정해야 한다[하지만 대항력과는 달리 토지매각대금에 대한 우선변제권과 최우선변제권은 토지저당권설정 당시 건물의 존재 여부에 따라 다르다. 즉, 토지저당권설정 당시 건물이 있었다면 임차권은 토지의 환가대금에도 미치기 때문이다(주·임·법 제3조의2 제2항, 대법원96다7595, 2014다10007, 99다25532)].

토지저당권설정 후 건물신축 시 토지매각대금에 대한 배당은?

토지저당권설정 후 건물이 신축된 경우 토지매각대금에 대한 임차인의 소액최우선배당과 우선배당은 어떻게 되는 걸까?

1. 소액최우선변제

1) 토지·건물의 소유자가 다른 경우

최우선변제를 받을 수가 없다. 임차인은 토지에 대해서는 아예 무관한 사람의 물건이 매각되는 것이기 때문이다.

2) 토지·건물의 소유자가 같은 경우

① 원칙: 최우선변제 또한 받을 수가 없다(토지저당권설정 당시 건물이 없었으므로)

임차보증금은 토지매각대금에도 미치지만(주·임·법 제3조의

2 제2항, 대법원96다7595, 대법원2014다10007판결) 이는 토지저당권설정 당시 건물이 있었을 경우에 한하기 때문이다(대법원99다25532).

② 예외: 토지저당권자가 설정 당시 충분히 예측이 가능한 경우 최우선변제 가능

소액임차인의 최우선변제 역시 토지저당권설정 당시 건물이 있었을 경우에 한해 해당하지만, 극히 예외적으로 임대인이 토지와 그 지상 주택에 근저당권을 설정했다가 임의로 주택을 멸실시키고 그 자리에 다시 주택을 신축해 이를 임대한 후 토지에 대한 근저당권의 실행으로 주택이 일괄경매된 경우(서울서부지방법원 97가단37992판결:배당이의)와 토지에 관한 저당권설정 당시 토지소유자에 의해 그 지상에 법정지상권이 인정될 정도로 건축 중인 상태(대법원2003다29043판결:지장물철거, 대법원2010다67159판결: 건물철거 등)에서 임대차계약을 체결하고 대항요건을 갖춘 경우에는 토지저당권자가 대출 당시 이미 소액최우선변제의 여지가 있음을 알았거나 충분히 예측이 가능한 경우여서 소액임차인의 최우선변제는 적용될 수 있는데, 그 이유는 당초 소액최우선변제제도는 저당권자의 감내할 수 있는 일부 희생하에 매우 열악한 임차인을 보호하고자 하는 사회 정책적 취지기 때문이다.

2. 우선변제

1) 토지·건물의 소유자가 다른 경우: 우선변제를 받을 수가 없다

임차인은 토지에 대해서는 아예 무관한 사람의 물건이 매각되는 것이기 때문이다.

2) 토지·건물의 소유자가 같은 경우

① 선순위 토지저당권자가 만족하지 않은 경우: 우선변제를 받을 수 없다

임차권은 토지매각대금에도 미치지만, 건물신축 이전에 경료된 토지저당권에 대해서는 당해 저당권자가 만족하지 않은 한 토지매각대금에서는 우선변제를 받을 수가 없기 때문이다.

② 선순위 토지저당권자가 만족한 경우: 순위에 따라 우선변제를 받을 수 있다

앞에서와 같이 건물신축 이전에 경료된 토지저당권에 대해는 당해 저당권자가 만족하지 않은 한 토지매각대금에서는 우선변제를 받을 수 없지만, 궁극적으로 임차권은 토지매각대금에도 미치기 때문에(주·임·법 제3조의2 제2항, 대법원2014다10007판결) 비록 건물신축 이전에 경료된 저당권이 있다고 해도 당해 저당권자가 만족한 이후라면 토지매각대금에서도 자신의 순위에 따라 우선변제를 받을 수가 있다.

③ 결론적(실질적)으로, 토지·건물의 소유자가 같은 경우 우선변제권이 있다

토지저당권설정 후에 건물이 신축된 경우라 하더라도 토지·건물의 소유자가 같다면 결론적으로 임차인은 토지매각대금에서도 순위(후순위)에 따른 우선변제권이 있다.

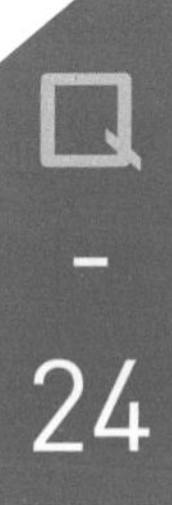

일부 지분을 낙찰받은 내가 임차보증금을 전부 책임져야 하는가?

공유물의 일부 지분이 경매되어 낙찰받았다. 그런데 일부 지분을 낙찰받은 내가 임차인의 보증금을 전부 반환해야 하는가?

원칙적으로는 공유물의 일부 지분만 취득했다면 역시 임차보증금 반환채무 역시 그 부분만큼만 부담하면 된다. 따라서 임차인에 대한 명도가 필요 없다면 혼자서 임차인의 보증금 전부를 지급할 이유가 없다.

하지만 임차인을 퇴거시켜 점유를 회수하려 할 경우에 문제가 제기되는데, 만약 임차인이 선순위고 배당액이 부족해 인수액이 있을 경우 이를 명도하기 위해서는 임대인에 대한 임차인의 보증금은 불가분채무이므로 일단 일부 지분을 취득한 자신이 전부를 부담해 명도하고, 자신의 지분을 초과해 부담한 부분에 대해서는 다른 공유자에 대해 구상권을 행사해야 한다.

주의할 것은 이 경우에도 임대차계약이 민법 제265조(공유물의 관리, 보존)에 따른 적법한 법률행위에 의한 것이어야 하므로, 임대차계약의 체결 시는 필히 ①과반의 공유지분과 적법한 임대차계약을 체결했어야 하며 이후 ②대항요건(전입신고/사업자등록+전입/건물의 인도)을 갖추어야 했고, ③배당 시에는 확정일자가 필요하다(확정일자 순위대로 배당).

임차인이 사망한 경우, 전대한 경우, 양도한 경우 임차권의 승계는?

낙찰받은 건물의 임차인 중 1명은 사망하고, 1명은 전대를 하고, 또 1명은 임차권을 양도했다. 이 경우 임차권은 어떻게 승계될까?

1. 임차인이 사망한 경우의 임차권의 승계(주·임·법 제9조: 주택임차권의 승계)

단, 공히 승계대상자는 사망 후 1개월 이내에 승계포기를 할 수 있다.

1) 상속인이 있는 때의 승계대상자

① 상속인이 가정공동생활을 하는 경우: 상속인이 승계

② 상속인이 가정공동생활을 하지 않는 경우: 해당 주택에서 공동생활을 하던 사실상의 배우자와 2촌 이내의 친족이 공동 승계

2) 상속인이 없는 때

해당 주택에서 공동생활을 하던 사실상의 배우자

2. 전대차계약의 경우

1) 임대인의 동의를 얻은 경우

전차인은 임차인의 퇴거일로부터 주민등록법상(주민등록법 제8조, 제10조, 제11조, 대법원87다카2509, 94마2134) 전입신고기한인 14일 이내에 아래의 요건을 갖추어야 한다.

① 전차인이 대항요건(계약+전입+전입신고) 및 확정일자를 갖췄을 경우

대항력(선순위일 경우), 최우선변제권, 우선변제권 일괄 승계

② 전차인이 대항요건만 갖췄을 경우

대항력(선순위일 경우), 최우선변제권만 승계

③ 전차인이 대항요건을 못 갖췄을 경우

이때는 전대인의 요건에 따라 다르다.

전차인이 대항요건을 갖추지 못했다 하더라도 전대인이 대항요건과 확정일자를 갖춘 상태에서 전대한 경우 전차인은 주·임·법상의 권리가 없으나 전대인(임차인)의 권리(우선변제권)를 원용해(즉, 당초 전대인의 계약범위 내에서) 대위권을 행사할 수는 있지만, 전대인도 대항요건과 확정일자를 갖추지 못한 상태에서 전대한 경우에는 주·임·법상의 우선변제권도 불가하고 민법상 규정에 따를 수밖에 없다.

2) 임대인의 동의를 얻지 못한 경우

① 임대인의 동의없이 전대한 경우 원칙적으로 임대인은 계약해지권이 있으나(민법 제629조), 예외적으로 소규모전대차(민법 제632조)와 임대인에 대한 배신적 행위가 아닌 경우 유효하다(판례).

② 임대인의 동의 없이 전대한 경우라 하더라도 전차인은 전대인(임차인)에 대해 계약의 이행 또는 손해배상을 청구할 수 있으나, 임대인에 대해서는 선순위일지라도 대항력, 최우선변제권, 우선변제권이 없다. 다만, 이때는 민법 제404조(채권자대위권)의 법리에 따라 전대인(임차인)의 권리를 원용해(즉, 당초 전대인의 계약범위 내에서) 대위권을 행사할 수는 있다.

3. 임차권 양도의 경우

1) 임차권의 권리 내용

엄밀히 말해 임차권은 고유의 물권적권리(일신전속적권리)인 사용·수익권과 채권적권리인 임차보증금반환청구권이 결합되어 일체불가분의 관계로 구성되어 있다. 따라서 주택·상가 임차권의 경우 채권임에도 불구하고 대항요건을 갖출 시 비록 물권의 성립요건인 등기가 없다고 하더라도 특별법(주·임·법, 상·임·법)으로 물권의 권능을 부여하고 있으며 확정일자를 갖춘 경우는 우선변제권도 부여하는 것이다.

2) 임차권 양도의 경우의 이해관계인(권리·의무의 관계)

전대차계약의 경우에는 임대인 ⇔ 임차인(전대인) ⇔ 전차인이 이해관계인의 관계로 계속 유지되지만, 임차권 양도의 경우에는 임차인은 임대차 관계(권리·의무의 관계)에서 탈퇴하고 임대인과 양수인만 권리·의무의 관계에 남게 된다. 이런 이유로 임차권의 양도 시에도 민법 제629조(임차권의 양도, 전대의 제한)에서 필히 임대인의 동의를 받도록 하는 것이다. 하지만 임대인의 동의는 효력요건이 아닌 대항요건이므로 비록 임대인의 동의를 받지 않았다 하더라도 임차권의 양도인과 양수인 간의 계약이 무효가 되는 것이 아니라 임대인에 대한 대항력이 없다는 것이며, 한편 임대인은 주·임·법, 상·임·법 및 민법 제629조에 의해 계약을 해지할 수가 있다.

3) 임차권 양도 시의 적용법률

전대차계약은 주·임·법 또는 상·임·법의 적용을 받지만, 임차권양도계약도 일종의 채권(임차보증금반환청구권) 양도계약이므로 이때는 주·임·법이나 상·임·법의 적용을 받는 것이 아닌 민법의 적용을 받는다. 따라서 임차권(임차보증금반환청구권) 양도의 경우에는 민법상 채권의 양도(민법 제449조~제452조) 및 지명채권양도 시의 대항요건(민법 450조)을 갖추어야 하며, 이때 만약 임대인의 동의가 없었다면 임대인은 민법 제629조 제2항에 따라 계약해지는 물론 추후 점유자의 임차보증금 반환요구 시 동시이행항변권(민법 제536조)을 행사할 수가 있다. 따라서 임차권을 양수하고자 할 경우 양수인은 임차권양도에 의할 것이 아니라, 임대인의 동의가 있는 전대차계약을 체결하고 대항요건을 갖추어 물권적권리(대항력)를 취득해야 한다.

하지만 이와는 달리 일정 금융기관은 대항요건(전입)을 갖출 수가 없으므로 특별법(주·임·법)에 따라 전세대출에 의한 임차권의 양도 시에도 주·임·법의 적용을 받는다. 단, 이때 우선변제권을 승계한 금융기관 등이 우선변제권을 행사하기 위해서는 주·임·법 제3조의2 제8항 및 판례에 따라 최소한 임차인은 대항요건을 유지해야 한다.

4. 기존의 임대인에 대한 채권에 대해 임대차계약의 형식을 이용한 경개의 경우

1) 대항요건을 갖춘 경우

주·임·법의 적용을 받는다(대금지급 방법만 바뀐 것이므로).

2) 단순히 임대차계약의 형식만 이용했을 뿐 대항요건을 갖추지 못한 경우

이 역시 주·임·법의 적용이 아닌 민법상 임대차(민법 제7절: 임대차, 민법 제618조~제654조)의 적용을 받아 물권이 갖는 배타적인 권리인 대항력과 우선변제권이 없다.

5. 대항요건을 갖추지 못했으나 임대차계약을 체결하고 등기를 한 경우

이때는 비록 채권계약이지만 등기에 의해 물권으로 의제되어 우선변제권이 있다. 하지만 채권을 등기할 시 제삼자에 대한 공시를 갖췄으므로 우선변제의 순위를 물권과 같이 적용한다는 것이지 그런다고 해서 그 본질(본성)이 물권으로 바뀌는 것은 아니므로, 실무에서는 대부분 고유의 물권인 전세권 설정을 하게 되는 것이다.

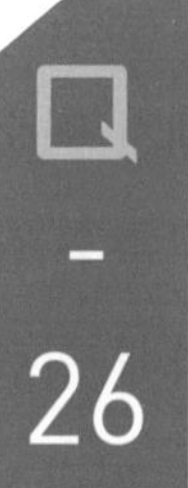

동시매각이 진행되는 경우, 점유자별 인도명령 신청 시점은?

한 사건에 여러 개의 매각물건이 있는 경우, 점유자별 인도명령 신청 시점은 어떻게 다를까?

1. 점유자가 채무자(소유자)와 아예 배당대상이 아닌 후순위 임차인인 경우

이런 점유자에 대한 인도명령 신청은 배당과는 무관하므로, 다른 물건의 매각(배당) 여부와 상관없이 당해 물건에 대한 잔금 납부와 동시에 인도명령 신청이 가능하다(하지만 인도명령 결정 여부는 해당 경매 법원의 자유재량이 강해 이런 경우에도 다른 물건의 매각과 연계하는 경우도 있으므로 그런 경우에는 이의를 제기해 관철토록 한다).

2. 점유자가 대항력이 있는 점유자와 배당대상 임차인인 경우

이런 경우에는 과잉 경매로 다른 물건에 대한 경매가 취소되는 등의 사유로 이시배당을 하는 경우가 아니라면 추후 실제 배당을 받는지 여부에 불구하고 잔여물건의 매각에 의한 동시배당 시까지 인도명령 신청이 인용되지 않는다. 따라서 대항력이 있는 점유자나 배당대상 임차인인 경우 다른 공담물건의 매각 전임에도 불구하고 인도명령을 발할 시 민사집행법 제136조 제5항에 따라 즉시항고(7일 이내)가 가능하다.

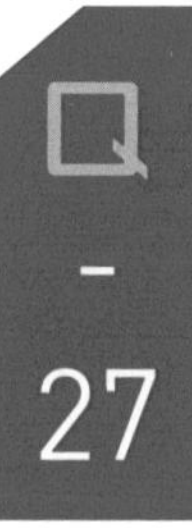

동일세대나 회사직원인 경우와 아닌 경우의 인도명령 신청은?

인도명령 신청 시 점유자가 동일세대나 회사의 직원인 경우와 동일세대가 아닌 경우 인도명령 신청을 어떻게 하는 것이 좋을까?

1. 점유자가 동일세대이거나 한 회사의 직원인 경우

인도명령 신청 대상이 모두 한 가족을 이루는 동일세대이거나 같은 회사의 직원이라면 민법 제195조(점유보조자)의 규정에 따라 한 장에 같이 신청해도 무방하다.

2. 점유자가 동일세대가 아닌 경우

점유자가 서로 다른 세대라면 세대별로 인도명령 신청을 하는 것이 좋다. 그 이유는 만약 일부에 대한 송달이 이루어지지 않을 경우 전체에 대한 기각이 될 수 있기 때문이다.

Q-28 점유자가 신분을 알 수 없는 외국인인 경우에는 어떻게 명도할까?

외국인은 출입국관리법(제31조~제36조)에 따라 체류지 관할 출입국관리소에 등록한 거소(체류지) 또는 변경된 체류지의 시·군·구의 장이나 그 체류지를 관할하는 지방출입국관리소에 신고한 체류지변경신고가 내국인의 주민등록지에 해당하고 외국인등록번호가 내국인의 주민등록번호에 해당한다. 따라서 외국인도 내국인과 마찬가지로 집행불능 시 집행관이 작성하는 집행불능조서상의 인적사항으로 재차 인도명령 신청을 해서 명도한다.

이때 만약 외국인등록증이 없어 외국인등록번호를 알 수 없는 경우에는 불법체류자로 간주해 112 및 관할출입국관리소에 신고해 퇴거 조치를 취한다.

Q - 29

대항력 있는 선순위 임차인의 배당부족 시, 인수하는 금액과 명도는?

대항력 있는 선순위 임차인이 배당신청을 했으나 배당을 다 받지 못한 경우, 낙찰자가 인수하는 금액은 얼마이며, 또 대항력이 있는 선순위 임차인임에도 명도(인도명령 신청)가 가능할까?

1. 선순위 임차인의 배당부족 시 낙찰자가 인수하는 금액

배당신청을 한 선순위 임차인은 배당부족액에 대해 대항력을 행사할 수는 있으나, 이때 낙찰자가 인수하는 금액은 임차인이 배당절차에서 실제 배당받지 못한 금액이 아니라 올바른 배당순위에 따른 배당 시의 미배당액이다. 한편 임차인이 입은 배당손실은 이를 배당받은 후순위 배당 채권자를 상대로 부당이득반환을 구해야 한다(대법원2000다 30165판결).

2. 배당신청한 선순위 임차인에 대한 명도(인도명령 신청) 가능 여부

비록 선순위 임차인이라 하더라도 자신이 경매 신청을 하거나 배당신청을 한 경우라면 일반매매에서와 같이 기존 임대차계약상의 잔여기간을 주장할 수는 없다. 그것은 왜냐하면 배당신청으로 임대차계약의 해지의사를 표시한 것이기 때문이다.

따라서 이런 경우 낙찰자는 부족액(인수액)에 대한 지급(또는 변제공탁)을 함으로써 인도명령을 신청할 수가 있고, 인도명령 신청의 기각 시는 그에 대한 즉시항고(7일 이내)를 하거나 점유자에 대한 명도소송을 진행할 수가 있다.

임차권 등기내용과 권리신고서상의 내용이 다를 때는 어떻게 해야 할까?

경매 법원에서 공신력 있는 매각물건명세서를 작성할 시 권리의 내용을 명확히 해줘야 하는 것이 원칙이지만, 경매 물건을 검색하다 보면 임차권등기의 내용과 권리신고서상의 내용이 다른 경우가 간혹 있다. 이런 경우에는 둘 다 공신력이 있는 기관의 공시내용이라 과연 어느 것을 기준으로 해야 하는지가 명확하지가 않을 뿐 아니라, 아직 이에 대한 명쾌한 법률 규정과 판례 또한 없는 실정이다.

따라서 이런 경우에는 일단 등기부에 기재되어 있는 내용인 임차권등기내용을 기준으로 입찰한 후, 추후 재차 확인한 결과 그 내용이 다르다면 추후의 결과를 예측해서 다음과 같이 해야 한다.

그럼에도 불구하고 이를 감내하고 계속 입찰을 진행하거나 아니면 민사집행법 제121조(매각허가에 대한 이의 신청사유)에 따라 매각허가결정 전이라면 매각불허가 신청을, 매각허가결정 후라면 매각허가결정에 대한 이의를 제기해야 할 것이다.

명도실무

명도에서 특별한 경우가 아닌 한 임의명도는 자제하는 것이 좋다. 판례(대법원2004도341)에 의하면 임대차계약서상의 임의명도조항에 따라 임대인이 임의명도를 한 것이 민법 제103조(반사회질서의 법률행위)에 의해 무효이므로, 민사상으로는 불법행위(민법 제750조)가 되고, 형사상으로는 범죄로 인정된다고 하고 있기 때문이다.

Q - 01

낙찰에서 명도까지의 소요기간은 어떻게 될까?

입주용일 경우 자금계획과 입주계획일자의 신축적 설계가 필요하다. 단, 인도명령기각 시는 별도소송이 필요하고, 점유자가 공담물건의 배당 대상자일 경우(추후 실제 배당을 받는지와는 무관하다)에는 전체 매각 시까지 지연된다.

구분	잔금	점유자별 / 진행업무별		통상적인 경우		채권상계 시	
				채무자(소유자)	배당 대상자	채무자(소유자)	배당 대상자
합의명도 ⬇⬇	정상납부 시	낙찰~(7)허가결정~(30)경락잔금 납부		약 35일(민사집행법109조, 규칙78조)/(공통)			
		경락잔금 납부~배당기일까지		0	+ 30	0	0
		최단기일(인도명령 미감안 시)		35	65	35	35
		인도명령신청~인도명령결정		5 ~ 10 (공통)			
		소 계[인도명령신청~결정까지]		40~45	70~75	40~45	40~45
	선납단축 시	* 배당액이 없는 배당대상자일 경우 원만한 협의 시 채무자 수준으로 단축 가능 * 점유자가 배당확정자일 경우 배당수령권을 양수(위임) 받고 이사비를 선지급하고 선명도를 받을 수도 있다.	5일 선납	35~40	65~70	35~40	40~45 (채권상계 시는 배당소요기일이 없으므로 점유자가 채무자인 경우의 선납 없는 소요기일과 같다)
			10일 〃	30~35	60~65	30~35	
			15일 〃	25~30	55~60	25~30	
			20일 〃	20~25	50~55	20~25	
	* 즉시항고기간 등을 감안할 때 실무적으로 20일 이상의 선납단축은 거의 불가능하다.						
⬇⬇ 강제명도	정상납부 시	인도집행 추가: 인도명령 송달		5(1회송달에 의한 도달) ~ 25(공시송달)			
		인도집행 추가: 인도집행 신청~집행계고		5 ~ 10			
		인도집행 추가: 자진명도기일(점유종류별)		15 ~ 20			
		인도집행 추가: 집행협의(노무비견적)~집행		5 ~ 10			
		인도집행 추가: 소 계		30(최단) ~ 65			
		합 계(합의명도+집행추가)		70~110	100~140	70~110	70~110
	선납단축 시	* 강제명도 시에는 배당확정자라 할지라도 배당수령권을 양수(위임)받고 이사비를 선지급(선명도)할 수는 없다.	5일 선납	65~105	95~135	65~105	70~110 (채권상계 시는 배당소요기일이 없으므로 점유자가 채무자인 경우의 선납 없는 소요기일과 같다)
			10일 〃	60~100	90~130	60~100	
			15일 〃	55~95	85~125	55~95	
			20일 〃	50~90	80~120	50~90	
	* 즉시항고기간 등을 감안할 때 실무적으로 20일 이상의 선납단축은 거의 불가능하다.						

명도협상에 앞서 알아두어야 할 사항은?

이사비 협상에 임하려면 추후 협상불발로 인한 강제집행 시 명도에서부터 최종 동산경매에 의한 완결 시까지 단계별 소요비용과 최종 소요비용은 과연 얼마이며, 따라서 이에 소요되는 기간과 노력 등을 감안해 최종적으로 협상에 임할 마지노선은 얼마인가를 먼저 예상해야 한다.

1. 예상 명도비를 먼저 파악한다

명도비는 집행물건의 종류와 난이도에 따라 차이가 많으므로 획일적인 표준을 잡을 수는 없다. 따라서 다음의 계산내역은 개략적인 경우로, 경매 법원 및 집행관사무소에 따라 다소 차이가 있을 수 있을 뿐 아니라, 만약 전문경비업체의 경호요원 등의 특수 인원을 이용하는 경우에는 달리 산출을 해야 한다.

1) 통상적인 짐이 있는 32평형(전용: 25.7평) 아파트인 경우의 강제 명도에서 동산경매까지 총 소요비용

이 금액은 유인집행이냐 무인집행이냐[즉, 점유자가 스스로 이사를 하느냐의 여부, 집기비품을 창고에 보관하느냐의 여부(차량비, 창고비)]에 따라 많은 차이가 있음을 알 수 있다.

① 접수비용 및 추후 계고 시 예납비용: 900,000(집행기일 스스로 이사 시)~2,340,000원

[추후 실제 강제집행기일에 점유자가 스스로 이사를 하는 경우에는 각 출장비 외는 반환이 되므로 많이 절감이 된다(즉, 접수비용+추후 소요비용×약 30% 선이 소요)]

첫째, 접수비용(집행수수료, 집행관 여비, 우편료 등): 100,000~300,000원

접수 이후에도 점유자와의 원만한 합의로 인한 강제집행의 취하 시는 이후 절차의 비용은 아예 들어가지 않으므로 앞에서 계상한 최소비용보다 더 절감된다.

둘째, 노무비(10~12명 선×@70,000): 700,000~840,000원

이는 건물면적, 층수, 구조 등 집행난이도에 따라 소요인원

이 다르다.

셋째, 차량비(2대): 550,000(5t+2.5t)~700,000원(5t 2대)

넷째, 사다리차비(층수에 따라 사다리차 규격이 다르다): 100,000~200,000원

다섯째, 증인 2명: 0(자신이 별도로 준비한 증인이 있을 시)~200,000원

여섯째, 집행관 및 인부 식대: 100,000원

② 집행 시 추가비용: 130,000~2,350,000원

집행 시의 추가비용 또한 이사형태(창고보관 여부)에 따라 많은 차이가 있다.

첫째, 유료창고 보관비용: 0~1,500,000원

점유자가 이사 갈 곳이 있는 경우에는 창고보관비용이 필요 없겠지만, 경우에 따라서는 원활한 이사를 위해 일부(300,000원 선) 보조를 해주기도 한다.

하지만 무인집행 또는 점유자가 이사 갈 곳이 없는 경우에는 1,500,000~2,000,000원이 소요되는 데, 이는 컨테이너 2대 기준 시×대당 일@8,000~@10,000원으로 해 각 경매 법원 소재 창고업자에 따라 다르나, 통상 3개월분의 창고료를 선납하도록 하기 때문이다.

둘째, 열쇠공 개문 비용(자물쇠의 종류에 따라 다르다): 30,000~150,000원

유인집행으로 강제개문이 필요 없을 시는 30,000원 선의 열쇠공 출장비가 필요하고 강제개문 시는 자물쇠의 종류에 따라 약 80,000~150,000원의 비용이 소요된다.

셋째, 집행 후 시건장치 교체비용: 100,000~200,000원

집행 후 시건장치는 필수이며, 그 비용은 자물쇠의 종류에 따라 다르다.

③ 추후 동산처리비용(동산경매: 매입~처리비용 등): 0(점유자 이사 시)~500,000원

통상 협의명도가 아닌 강제명도(특히 폐문부재로 인한 무인집행)의 경우에는 가격이 나가는 물건은 거의 없는 쓰레기 수준이라 그 처리비용이 소요되는 것이며, 만약 고가의 물품이 있는 경우에는 집행비용을 청구해(집행비용확정 신청) 전부 회수할 수가 있어 명도비용이 거의 들어가지 않는 경우도 있을 수 있다.

④ 총 소요비용: 1,030,000~5,190,000원(통상 평당: @40,000~@200,000원)

간혹 공장 등의 명도에 있어 명도저항이 극심할 경우 전문경비업체의 경호요원을 이용하는 경우가 있는데, 이때는 업체

에 따라 다소 차이가 있을 수 있으나 통상 1일 1인당 30~35만 원의 인건비가 소요된다. 그러나 전문경비업체의 경호요원을 이용할 경우 비용이 비싼 반면 112 신고 등에 있어 원활한 장점이 있다.

2) 특수명도(조조명도, 휴일명도, 야간명도)와 집행불능으로 인한 재집행 시에는 30% 전후의 추가비용이 발생하므로 집행 시에는 사전에 치밀한 계획을 세워서 해야 한다.

3) 짐이 거의 없는 경우에는 극히 소액으로도 완결할 수가 있는데, 그러기 위해서는 사전에 완벽한 현지조사를 해 집행관과 협의해야 한다.

4) 점유자의 명도 시에는 외통수로 몰지 말고 미리 선택할 수 있는 옵션을 준비한다.

물론 명도에 있어서 궁극적으로 최종의 승자는 낙찰자일 수밖에 없다. 하지만 이를 믿고 오로지 법적 절차에 따른 강제집행을 하게 되면 의외의 많은 비용이 소요될 수도 있고, 최소한 잔금 납부일로부터 2(배당대상 점유자가 아니어서 잔금 납부와 동시에 인도명령 신청 및 인도명령이 결정되고, 1회 송달로 끝날 경우의 최단기일)~3개월, 때에 따라서는 훨씬 더 많은 시간과 노력이 소요된다.

따라서 실무에서는 잔금 납부와 동시에 인도명령 신청을 해서 인도명령결정문을 송달하는 등의 절차까지는 진행하면서 한편으로는 유화책을 써서 한발 양보하는 자세로 원만한 합의에 도달하는 강·온 양면작전을 구사해야 하며, 마지막 수단인 강제명도를 할 시에도 집행기일 전까지는 도망갈 수 있는 탈출구를 열어두는 것이 현명한 방법이다.

2. 필요 시 가장임차인에 대한 형사처분(실형)의 실례를 활용한다

1) 가장임차인이 실형을 선고받은 예

(서울남부지원2007고단2137: 사기죄 및 강제집행면탈죄)

① 피고인이 실제 임대차관계가 없음에도 마치 최우선변제 자격이 있는 것처럼 허위로 전세계약서를 작성해 이를 법원에 제출하고 배당을 받아간 사례

② 법원은 그러한 행위는 채권자 및 이해관계인들에게 직·간접의 손해를 입히고 법원을 기만함으로써 경매의 공정성을 해치는 등 그 죄질이 불량하다고 판단해 징역형의 실형을 선고함

2) 허위임대차계약서를 작성해 법원에 권리신고를 한 경우

경매방해죄(징역10월) (인천지법부천지원2001.5.18.선고, 2001

고단23판결, 항소기각/확정)

3. 소액최우선배당금에 대한 압류(민사집행법 제246조)

1) 주택임대차에 대한 소액최우선배당금

① 원칙: 소액최우선배당금은 압류금지대상이다.

② 예외: 악의의 점유자일 경우 압류가 가능하다.

주택임대차에 대한 소액최우선배당금에 대해는 민사집행법 제246조(압류금지채권) 제1항 제6호에서 압류금지사항으로 되어 있으나 동조 제3항에서는 '법원은 당사자가 신청하면 채권자와 채무자의 생활 형편, 그 밖의 사정을 고려해 압류명령의 전부 또는 일부를 취소하거나 제1항의 압류금지채권에 대해 압류명령을 할 수 있다'라고 규정하고 있으므로 악의의 점유자일 경우 이를 소명해 압류할 수가 있다.

2) 상가임대차에 대한 소액최우선배당금

상가임대차에 대한 소액최우선배당금은 민사집행법 제246조(압류금지채권)에 규정되어 있지 않으므로 처음부터 아예 압류금지대상이 아니다.

Q-03 여러 형태의 임차인이 있는 다가구주택을 낙찰받았다. 이런 경우 명도절차는 어떻게 진행하는 것이 능률적일까?

1. 점유자를 방문해 상황을 알아보거나 협상을 시작하는 시점

점유자가 소유자(채무자)인 경우는 물론 임차인이라 하더라도 배당 여부에 따라 큰 차이가 있을 수 있는데, 대개의 경우 매각허가결정 이후 경락잔금납부 사이 현지를 방문해 점유자의 의사를 타진하고(속칭 이를 '간을 본다'라고 한다) 협상이 순조롭게 진행되면 이행각서 등을 미리 징구하고(합의명도), 협상의 가능성이 없다고 판단될 경우에는 아예 처음부터 법적절차(강제명도)를 진행한다.

2. 이사비 협상(합의명도) 방법

부동산을 점유하고 있는 자의 대부분은 이사비를 요구할 권한이 없음에도 불구하고 거의 관행적으로 이사비를 요구하고 있는데, 이는 매수인이 인도집행 또는 명도소송에 의할 경우 시간과 비용이 소요되므로 그 대가로 이사비를 요구하는 것이다.

이때 주의할 것은 이사비협상이 원만히 타협이 되더라도 필히 이행각서를 징구해야 하는 데, 그 이유는 법률적인 효력은 차치하더라도 후일 점유자를 압박하는 효과가 있기 때문이다.

1) 점유자의 배당금이 전무한 경우

순조로운 합의명도가 쉽지 않겠지만, 3회 정도 방문한다는 계획하에 인내심을 갖고 강·온 양면전략을 구사해야 한다. 즉, 위로의 말과 함께 원만히 이사하게 되면 다소 이사비를 보조해줄 수도 있다는 암시를 하되 가장임차인에 대한 경매방해죄 등의 실형선고의 예와 부득이 강제집행을 당하는 사람들의 예를 들어주며, 그런 경우도 알아볼 필요도 있다는 식으로 은근히 압박도 가하도록 한다.

이때 과연 얼마의 선에서 이사비를 줄 것인가에 대해 상대방에게는 먼저 밝히지 않되, 자신은 미리 마지노선을 정해놓아야 하는데, 아파트의 경우 통상 점유자의 이사준비가 되어 있어 창고보관을 하지 않을 시 강제집행비용으로 집행면적기준 평당 4~6만 원 선이 소요되며, 강제집행 이후 창고보관 시에는 짐 상태에 따라 최소한 100~200만 원 이상이 추가로 소요되므로 이를 감안해 마지노선을 정하게 된다.

2) 임차인이 보증금의 일부를 배당받는 경우

이때는 보증금을 배당받기 위해서는 낙찰자의 인감증명이 첨부된 명도확인서가 필요하므로 합의점을 찾기가 다소 수월할 수 있으나, 이때도 소멸되는 보증금에 대한 이사비를 감안하는 것이 효율적일 수 있으며, 최후까지 합의가 되지 않을 시에는 배당금에 대해 차임 또는 손해배상을 이유로 하는 채권가압류를 하되, 만약 배당금이 소액최우선변제액이고 악의의 점유자일 경우 이를 소명해 가압류한다.

3) 임차인이 보증금의 전부를 배당받는 경우

특별한 경우가 아닌 한 별도의 이사비는 지불할 필요가 없으나 주의할 것은 안전장치의 확보 없이 미리 명도확인서의 교부를 지양해야 한다는 점이다.

점유자와 ①새로운 임대차계약을 체결하는 경우와 ②이사 갈 곳의 임대차계약을 체결한 경우 ③이사 갈 곳의 매매계약을 체결한 경우에는 미리 명도확인서를 교부할 수도 있다. 하지만 이때도 꼭 필요한 시기에 그것도 임대차계약 또는 매매계약 상대방을 확인한 후에 한해 명도확인서를 발급하되 명도 전, 배당을 받을 경우에는 배당금을 교부받아 그중 일부를 지급하고 나머지는 점유자가 약속한 날에 명도하지 않을 경우 월차임을 지불하겠다는 각서 등과 함께 낙찰자가 보관하고 있다가 지급하는 것이 가장 안전한 방법이다.

3. 강제집행(강제명도): ☞경매 절차개요도 및 인도집행 참조

만약 이사비협상(합의명도)이 원만히 되지 않을 시에는 부득이 다음과 같은 절차에 따라 인도명령결정문 또는 명도소송 승소판결문을 부여받아, 결정문 또는 판결문이 송달된 후 송달증명원, 집행문과 함께 강제집행에 의한 명도를 진행한다.

1) 인도명령 신청의 결정 및 송달

① 인도명령신청 시의 유의할 점

첫째, 필요 시 점유이전금지가처분 신청을 먼저 하라.

인도명령결정에 의한 강제집행 시는 설혹 점유가 이전 되더라도 승계집행문의 발급이 가능해 점유이전금지가처분이 필수적이지는 않을 뿐 아니라, 인도명령사건에 대한 점유이전금지가처분 신청은 특별한 경우가 아닌 한 기각된다(따라서 가처분 신청 시는 점유가 이전될 정황이 있다는 구체적인 사유를 명시해야 한다). 하지만 만약 악의의 점유자라면 설령 그렇다 하더라도 신청의 필요성이 있으며, 이때는 필히 인도명령 신청 이전에 가처분 신청을 먼저 접수하되, 인도명령신청이 아닌 본안소송(명도소송)을 전제로 해서 신청해야 한다.

둘째, 인도명령 신청 시는 설명이 불충분할 경우 기각이 될 수도 있으므로 사건기록과 현지조사를 통해 주민등록 등 가능한 한 점유자의 자세한 신분과 점유의 권원이 없는 점유자라는 내용을 상세히 기술해야 한다.

셋째, 인도명령대상자가 다수일 경우에는 다소 번거롭더라도 각 가구(세대)별로 각각 작성하는 것이 좋다. 왜냐하면 1건의 신청서에 여러 대상자를 한꺼번에 신청했을 때 그중 1명이라도 송달불능이 되면 전부에 대한 인도명령결정이 기각되어 집행이 불가능하게 될 수도 있기 때문이다. 하지만 동일세대원 또는 회사직원이라면 민법 제195조(점유보조자)의 규정에 따라 세대주 또는 대표자에게 한 인도명령으로 전세대원(직원)에 대한 집행을 할 수 있으므로 한 건의 신청서에 작성한다.

넷째, 공동 투자로 인해 매수인이 여러 명일 경우 인도명령신청 시 대표자 한 사람의 명의로 신청하면 송달비용이 절감되고 절차도 간편하다.

② 인도명령결정의 송달방법

각 경매 법원(집행관)에 따라 차이가 있을 수 있으나, 1차 우편집배원에 의한 송달이 반송될 경우 소유자(채무자)를 상대로 하는 송달은 통상 민사소송법 제187조에 의한 우편송달(발송송달)로 처리하고, 기타의 경우 민사소송법 제186조에 의한 보충송달·유치송달로, 그래도 송달불능일 경우 특별송달 및 공시송달을 이용해 집행한다.

집행의 신속을 기하기 위해서는 송달결과에 대한 통지가 올 때까지 기다리지 말고 수시로 사건기록을 열람(인터넷 열람)해 다음 절차를 진행한다.

피고의 주민등록 등·초본을 발급받고자 하는 경우는 사실조회 신청 또는 경매 법원의 주소보정명령서를 지참해 발급하고[근거법률: 주민등록법 제29조, 동법 시행령 제47조, 동법 시행규칙 제13조 및 제14조, 동법시행령 제47조별표2, 민사소송법 제294조(사실조회신청: 조사의 촉탁)], 법인인 경우에는 등기부등본상의 본·지점소재지, 사업장 소재지 또는 대표이사의 주민등록상 주소지로 송달한다.

특별송달(민사소송법 제190조: 야간, 휴일특별송달)과 유치송달(민사소송법 제186조)은 우편집배원이 아닌 집행관이 실시하는 것이므로 집행관수수료가 별도로 소요되며, 특히 특별송달은 민사신청과에 신청해 법원의 허가를 받아야 하는데, 이 방법의 경우 송달의 효율을 기하기 위해서는 피고의 동향과 동선을 사전에 파악한 후 미리 집행관의 예정 송달일시를 확인하고 집행관과 동행을 해 집행하면 송달이 용이하게 집행된다.

2) 강제집행 신청

인도명령결정이 송달되면 집행문과 송달증명원을 발급받아 강제집행을 신청(집행위임)하며, 접수비용(집행수수료, 집행관 여비, 우편료 등)은 경매 법원, 집행물건에 따라 다르지만 통상 10~30만 원 선이 소요된다.

3) 집행관 집행계고

강제집행 신청에 따른 사건번호가 부여되고 담당 집행관이 지정되면 집행관은 낙찰자와 사전협의를 거쳐 집행현장을 방문해 집행의 난이도와 점유자의 유무, 유체동산의 물량, 집행시간대의 점검 등 강제집행에 따른 제반 사항을 체크하고 점유자에게 자진퇴거를 할 것을 계고하게 된다(점유자의 부재 시는 법원에 따라 1~2회 실시). 자진퇴거 기간으로는 집행법원에 따라 다소 차이가 있을 수 있지만 통상 주거용 물건일 경우 15

일, 공장 등의 경우 20일 정도를 부여하며, 이때 후일 본집행의 어려움이 있을 수도 있어 구체적인 집행시기에 대한 통보는 하지 않는다.

4) 노무비견적 및 집행비용의 예납

집행계고기간이 지나도 자진퇴거를 하지 않으면 강제집행을 위해 노무비견적을 산출한 후, 집행관과 집행계획을 협의하고 집행비용을 예납하게 된다. 집행예납비용에는 대부분이 노무비가 차지하게 되는데 강제집행에 따른 노무자들의 인건비는 건물의 면적이나 층수, 집행장소에 과다한 물건이 있어서 많은 소요시간이 필요하거나, 건물의 구조가 복잡하거나 위험한 장소에 따른 집행의 난이도 등에 따라 산정해 납부한다. 통상적인 노무비로는 1인당 70,000 선이며 2평당 1명 기준으로 계산하되, 엘리베이터가 없는 건물의 경우 2층부터 매층마다 통상 2명씩 추가된다.

5) 명도(인도)집행

① 점유자가 있는 경우(유인집행)

집행관은 점유자에게 집행신청서에 첨부된 집행권원(인도명령결정문 등)을 제시하고 집행을 개시한다는 고지와 함께 건물 내부에 있는 현금이나 유가증권 기타 고가의 귀중품에 대한 분실 시 책임이 없음을 주지시킨 후 집행개시를 선언하고 집행하게 되는데, 물건은 집 밖 아무 곳에나 들어내면 된다. 하지만 요즘에는 만약 피집행자의 이사준비가 전혀 되어 있지 않은 상태라면 주민들의 민원제기를 이유로 유료창고에 보관처리를 해야 집행을 해주고 있으며, 점유자의 극렬한 저항 등 특별한 경우가 아닌 한, 아파트 등의 주택일 경우 집행에 약 1시간이 소요된다.

집행이 종료되는 즉시 집행관은 신청채권자 또는 그 대리인으로부터 집행완료조서에 서명날인을 받음으로써 강제집행은 종료된다.

만약 점유자가 있음에도 불구하고 문을 열어주지 않는 경우에는 성인 2명 이상의 입회하에 대동한 열쇠업자로 하여금 강제개문을 하도록 해 집행하며, 강제집행 후에는 필히 시건장치를 확실히 해서 재침입에 대비해야 한다.

이때 비록 인도명령 신청서에 기록되어 있지 않다 하더라도 인도명령 신청서에 기록된 소유자나 임차인과 세대를 함께하는 가족 또는 회사직원이라면 동시에 집행할 수 있다(민법 제195조: 점유보조자).

유료창고 보관 시는 통상 2~3개월분을 선불로 지급하며(컨테이너 1대당 1일 보관료: 8,000~10,000원) 이는 점유자가 부담하는 것이 원칙이나 통상적으로는 낙찰자가 지급한 후 채무자로부터 회수하거나 동산경매를 실시해 충당한다(이때도 고가품이 없어 입찰자가 없을 경우에는 낙찰자가 매수해 폐기처분하고 경매를 종결시키는데, 대부분 이런 경우에 해당된다).

집행 후 재침입 시는 즉시 탈환하거나(민법 제209조: 자력구제, 대법원판례: 86다카1683) 이가 불가할 시에는 112에 신고해 주거침입·퇴거불응(형법 제319조), 권리행사방해죄(형법 제323조), 부동산강제집행효용침해죄(형법 제140조의2) 등을 묻고, 경매 법원을 통해서는 명도단행가처분(민사집행법 제304조: 임시의 지위를 정하기 위한 가처분)을 신청해 재집행한다. 따라서 명도저항이 심한 공장 등의 경우는 집행 시 아예 112에 불법점유자 신고를 하는 것이 효율적이다.

② 인도집행 시 점유자의 대응

법원의 인도명령에 대해서는 즉시항고(1주일)로만 불복 신청을 할 수 있으며, 법원의 집행에 대해 '집행에 관한 이의'로 불복할 수 있으나(민사집행법 제16조) 인도명령집행을 정지시키려면 필히 '인도명령집행정지 신청'을 병행해야 한다.

그 이유는 앞에서 배운 바와 같이 민사집행법상의 즉시항고(민사집행법 제15조 제6항)에는 민사소송법상의 즉시항고와 같은 집행정지의 효력이 없기 때문에 만약 즉시항고만 하고 별도의 집행정지 신청을 하지 않을 경우 즉시항고에 대한 다툼에도 불구하고 집행은 속행되어 불가역적인 결과가 될 수 있기 때문이다(대법원2007마1613결정, 대법원87마1095결정, 대법원2005마950결정, 대법원2010마1120결정, 대법원2010마458결정). 하지만 민사집행법상의 절차라 하더라도 인도집행이 아닌 판결이나 결정 등의 확정을 요하는 사항에 대해는 실질적인 확정차단의 효가 있어 별도의 집행정지신청이 필요하지 않다.

만약 제삼자, 즉 인도해주지 않아도 되는 정당한 권리자일 경우에는 인도명령에 대한 불복의 표시로서 '제삼자이의의 소'를 제기할 수 있다(민사집행법 제48조).

③ 집행 불능에 의한 재집행 또는 특수집행의 경우

여러 가지 사유로 집행 불능이 되어 다시 집행하고자 하는 경우에는 30%(휴일 명도의 경우 약 50% 선) 전후의 추가비용이 소요된다. 따라서 집행하고자 할 경우에는 미리 사전답사에 의한 집행계획을 철저히 수립해야 능률적인 집행으로 비용절감이 가능하다. 또한, 부득이한 경우에 조조(早朝)명도 또는 공휴일 및 야간명도를 할 수도 있는데 이때는 추가비용이 발생할 수 있으며, 공휴일 및 야간명도 시에는 낙찰자나 대리인의 신청에 이어 해당 법원의 허가가 있어야만 가능한데 이때 집행관은 점유자에게 법원의 허가명령이 있었다는 문서를 보여주고 집행을 개시한다.

특히, 공장 등의 명도에서 저항이 극심할 경우에는 전문경비용역업체의 경호요원을 이용하기도 하는데, 이럴 경우 업체에 따라 다소 차이가 있지만 통상 1인당 1일 30~35만 원 선이 소요되며, 이럴 경우 비용이 비싼 반면 112 신고 등에 있어 원활한 측면이 있다.

④ 점유자가 없는 경우(무인집행)

무인집행을 위한 강제개문의 경우에는 입회증인이 필요할 수 있으므로 필히 채권자나 채권자의 대리인 외 2명 이상의 성인과 열쇠업자 및 창고업자의 동행이 필요하며, 무인집행의 경우에는 집행관과 협의해 사진과 함께 입회자의 입회하에 물건목록을 작성해 현지에 보관하거나, 일단 낙찰자의 부담으로 유료창고에 맡긴다. 이때 열쇠업자와 창고업자는 원칙적으로 집행보조자에 해당되어 증인채택이 안 되지만, 경매 법원(집행관)에 따라 불가피할 때는 열쇠업자 및 창고업자를 증인으로 이용하기도 한다.

각 경매 법원(집행관)에 따라 차이가 있을 수 있으나 근래에는 무인집행의 경우 비록 고가품이 없는 경우라 하더라도 대개 집행관이 유료창고에 물품을 보관할 것을 주문한다. 그것은 바깥 아무 곳에나 짐을 방치할 경우 주위 사람들에 의한 민원 발생의 염려가 있기 때문이다. 하지만 사전답사 결과, 귀중품이 없거나 짐이 많지 않으면 미리 집행관과 협의를 한 후 집 한구석을 비워 현장보관을 하거나 다른 적당한 곳에 보관해 비용을 절감할 수 있으며, 이후 유체동산압류절차에 따라 압류 후 매각처리를 해 종결짓기도 한다.

⑤ 집행했으나 권원이 없는 점유자의 신분을 알 수 없어 집행불능이 된 경우

이 경우 대표적인 명도방법으로 집행관의 집행불능조서에 기록된 점유자에 대해 다시 인도명령 신청을 해서 집행하는데, 때로는 112신고를 이용하는 방법을 사용하기도 한다(간혹 파출소에 따라 비협조적인 경우도 있을 수 있다).

대항력이 없음이 확실한데도 협의가 전혀 안 될 경우 112에 불법 점유자에 의한 무단주거침입신고를 해 점유자의 신분을 확인한 후 112출동으로 조사한 신분과 사건기록에 기재되어 있는 점유자를 특정, 인도명령신청을 해 집행한다.

⑥ 장기공실로 확인된 경우의 명도집행(무인집행)

장기공실로 확인된 경우, 일단 열쇠공을 불러 시건장치를 해제하고 현장을 확인해 중요 물품이 없는 경우에는 사진촬영과 함께 물건목록표를 작성한 후 사용하되 물건은 적당한 곳에 일정 기간 보관한다. 이때 후일을 위해 아파트일 경우에는 관리실 직원을, 단독주택 등일 경우에는 이웃집사람 등의 증인을 확보해 물건목록표에 서명을 받아두는 것이 좋다.

만약 현장 확인 시 중요 물품이 있는 경우에는 다시 문을 잠그고 정식절차에 의해 진행한다.

즉, 사건기록상의 점유자가 점유의 권원이 없음이 명백함에도 불구하고 명도를 해주지 않고 있다는 증거를 첨부해 인도명령을 신청한 후, 인도명령결정이 나면 이를 송달한다. 거주자가 없으므로 필히 반송이 되는데 이때는 통상 민사소송법 187조에 의한 우편송달(발송송달), 188조에 의한 송달함송달 또는 민사소송법194~196조에 의한 공시송달을 하게 되며, 이후 강제집행을 실시해 유료창고에 보관한 뒤 유체동산 경매를 진행한다. 이후의 절차는 '유체동산 경매' 편에서 설명하기로 한다.

⑦ 점유자가 배당액이 있는 채무자(소유자)이고 명도에 애로가 예상되는 경우

아주 드물지만, 간혹 채무자(소유자)에게도 배당액이 있는 경우가 있다. 채무구조가 상당히 건실한 경우다.

그런데 경매는 법원의 자유재량이 많이 작용하기 때문에 법원에 따라 채무자(소유자)에 대한 배당 시에는 낙찰자의 명도확인서를 요구하지 않는 경우가 있다. 낙찰 이후 점유자(소유자)를 접촉한 결과 만약 명도에 상당한 어려움이 있을 것으로 예상되면, 미리 해당 경매계에 민법 제214조(소유물방해제거, 방해예방청구권)에 따라 소유권에 기한 방해제거 및 예방청구권을 근거로 채무자(소유자)에 대한 배당 시 낙찰자의 명도확인서를 징구해줄 것을 구두 또는 서면으로 미리 요구할 수 있다.

Q-04

주의를 요하는 특수한 명도특수명도는 어떤 경우가 있을까?

1. 중증환자가 있는 경우

환자의 보호자가 있는 경우에는 만약의 경우를 대비해 구급차를 현장에 대기시켜놓고 집행하고, 보호자가 없는 경우에는 집행 하루 전이나 몇 시간 전에 구급차를 불러 환자를 인근 병원 응급실로 이송한 후 무인명도로 집행한다.

2. 자해, 폭력, 화재소동이 우려되는 경우

이는 공무집행방해죄(형법 제136조)에 해당할 뿐 아니라 집행관은 집행을 위해 필요한 경우 수색 또는 강제개장을 할 수 있으며, 점유자 등으로부터 저항을 받는 경우 경찰이나 국군에 원조를 요청할 수도 있도록 되어 있다(하지만 사전의 서면 요청이 필요한 국군의 원조는 현실적으로 유명무실한 실정이다).

또한 이렇게 불가항력적인 사태가 발생해 장시간 집행이 불가능하게 되면 집행관은 집행불능으로 처리하고 철수할 수 있으므로, 따라서 이런 경우를 대비해 사전에 집행관과 협의해 경찰의 도움을 받을 수 있도록 필요한 조치를 하거나, 이런 사태를 물리적으로 차단해 집행이 가능하게 할 수 있도록 특수 인원을 동원해야 한다.

3. 다수의 점유자가 단합이 가능한 경우

이때는 전체를 일시에 접촉할 것이 아니라 그 대표자만을 먼저 상대해 합의를 유도하고, 끝까지 합의되지 않으면 우선적으로 그 대표자를 가장 강력한 방법으로 강제집행을 진행한 후 나머지에 대해 합의하도록 한다.

4. 재침입이 우려되는 경우

앞에서 배운 바와 같이 인도명령에 의한 집행이 종료되어 낙찰자나 그 대리인이 서명·날인을 하게 되면 그 집행권원은 소멸하게 되고, 그 이후에 또다시 명도가 필요하면 또 다른 새로운 명도소송을 제기해 집행해야 한다.

따라서 이를 방지하기 위해 집행종료 후에도 전 점유자들의 반항이 계속될 우려가 있는 경우에는 일단 단전·단수 조치와 함께 잠금장치를 한 후, 최소한 1~2일 정도는 재침입을 할 수 없도록 현장을 지켜야 할 필요가 있다.

물론 명도집행 후 재침입으로 점유를 침탈당했을 경우에는 형법 제140조의2(부동산강제집행효용침해) 및 제319조(주거침입, 퇴거불응)에 따른 형사고소와 더불어 민법 제209조(자력구제)에 따라 자력으로 침탈을 방위할 수 있으며(자력방위권), 나아가 판례에서 부정하게 침탈된 경우에는 '침탈 후 직시' 가해자를 배제해 이를 탈환할 수 있다(자력탈환권)고 규정하고 있어 재침입자를 배척하고 침탈된 점유를 자력으로 탈환할 수도 있겠으나, 이 또한 상당한 시간이 경과한 후에는 자력구제가 아닌 새로운 집행권원을 얻어 강제집행을 해야 하는 문제가 있기 때문이다[단, 이때는 신속한 집행을 위해 민사집행법 제304조에 의한 명도단행가처분(임시의 지위를 정하기 위한 가처분)의 방법에 의한다].

5. 축사, 돈사, 양어장, 수목 등이 있는 경우

이런 경우에는 통상 다음 ① ⇒ ② ⇒ ③⇒④ ⇒ ⑤의 순으로 진행하는데, 그 이유는 먼저 채무자(소유자)부터 집행하고 나면 동식물의 폐사(고사) 등 나머지 동식물에 대한 처리가 어렵고, 그에 따른 손해배상에 관한 문제가 야기될 수도 있기 때문이다.

① 인도명령 신청 전에 점유이전금지가처분을 하거나, 인도명령 신청과 함께 지료나 임료상당액에 대한 부당이득금반환청구소송 및 가압류 등으로 점유자를 압박한다.

② 지료에 대한 승소판결문을 받으면 이를 근거로 동식물을 압류한다. 압류 시에는 푯말 등 적절한 명인방법을 준비해야 한다.

③ 지속적인 협의를 통해 합의를 도출한다. 보통 이쯤에서는 동식물의 저가매각의 우려로 인해 대부분 합의처리가 가능하다.

④ 합의가 되지 않으면 압류한 동식물을 경매 처리해 집행비용과 판결채권을 회수한 후 잔여액은 채무자 명의로 공탁한다.

⑤ 마지막으로 인도명령결정으로 점유자에 대한 강제집행을 한다. 이 경우 집행은 마지막으로 할지라도 인도명령은 미리(6개월 내) 받아두어야 한다.

6. 공가(빈집) 또는 폐가인 경우의 명도

관리실 또는 관리업체를 통해 낙찰 부동산이 장기간 방치된 공가 또는 폐가임이 확실히 입증되는 경우에는 강제집행을 하지 않고 관리실 또는 경비실에 신고하고 잠금장치를 해제해 인도하는 방법도 가능하다.

그러나 이때에도 만약을 대비해 사진 촬영은 물론, 유체동산이 있는 경우에는 목록 작성과 함께 국가공무원, 경찰공무원 또는 20세 이상의 관리사무소 직원 등의 입회하에 일정한 곳에 보관하고, 입회가 용이하지 않으면 가능한 한 주위 거주자들의 증인을 확보해 목록부에 서명하도록 한다.

7. 유치권 또는 법정지상권을 주장(행사)하는 경우

이는 '유치권', '법정지상권' 파트에서 다루어야 할 문제다. 저자에게 문의 바란다.

Q - 05

원활한 명도를 위해 '제소전화해'나 '공정증서'를 활용하면 어떨까?

건물에 대한 명도가 완료되어 임대계약을 체결할 시, 추후 임차인의 원활한 명도가 심히 우려되는 경우 또는 매매계약이나 기타 각종 계약의 체결 시 계약의 이행 이후 분쟁의 발생이 우려되는 경우, '제소전화해 제도'나 '공정증서'를 활용해 향후 발생할지도 모르는 분쟁으로부터 해방될 수가 있다.

1. 제소전화해 제도의 활용

1) 제소전화해의 효력 및 특징

쌍무계약의 당사자가 분쟁이 발생하기 이전에 미리 법관의 면전에서 분쟁해결을 합의하는 것으로, 일단 화해가 성립되면 확정판결과 동일한 효력(기판력)이 있어 추후 화해내용의 불이행 시 집행문을 부여받아 강제집행을 할 수가 있다. 따라서, 일단 화해가 성립되면 비록 그 화해내용에 적법하지 못한 내용이 포함되어 있더라도 준재심사유에 해당하는 등 특별한 사정이 없으면 화해성립을 무효화할 수 없으며, 바로 이 점이 제소전화해의 가장 큰 특징(장점)이라고 할 수 있다.

예를 들면, 원래 임차인의 부속물매수청구권(민법 제646조)은 당사자 간의 합의로도 포기할 수 없는 임차인을 위한 강행규정임에도 불구하고 제소전화해 절차에서 임차인이 이를 포기하는 것으로 제소전화해가 신청되는 경우(즉, 임대차계약 체결 시 매수청구권을 포기하는 약정을 한 경우) 매수청구권 포기의 약정이 강행법규에 위반되어 무효라고 하더라도 화해조서 작성 당시 법규위반을 이유로 이를 배제하지 않는 한 추후 제소전화해 절차에서 포기한 매수청구권을 다시 행사하거나 매수청구권 행사를 청구이의의 사유로 삼아 화해조서에 기한 강제집행의 불허를 구하는 것은 화해조서의 기판력에 저촉되어 허용되지 않는다는 것이다.

이와 같은 이유로 화해조서 작성 시는 양 당사자가 합의한 내용이라고 하더라도 무조건 법원이 화해를 성립시키는 것이 아니라 화해내용에 불법적인 내용이 포함된 것이 법원에 의해 발견되면 가급적 법원으로서는 적법한 내용으로 변경하거나 불법내용을 삭제할 것을 권유하는데, 대표적인 것이 바로 건물명도를 위한 제소전화해 절차에서 추후 지상권자의 매수청구권(민법 제283조), 임차인의 상환청구권(민법 제626조), 임차인의 매수청구권(민법 제643조) 등에 관한 포기조항이다.

2) 제소전화해의 주요용도

제소전 화해의 용도는 매우 다양하지만, 이 제도의 특성상 임대차계약의 체결 시 추후 임차인의 명도를 원활하게 하고자 가장 흔히 이용되고 있으며, 그 외에도 각종 쌍무계약의 체결 시 추후 발생할지도 모를 분쟁의 소지를 없애기 위해 활용되기도 한다. 이 제도의 특성이 이러하다 보니 간혹 불공정계약이나 기타 악의적인 계약을 체결하면서 추후 야기될 수 있는 책임을 회피하기 위한 수단으로 이용되기도 한다.

3) 제소전화해 조서 작성 시 유의점

① '을(임차인)'의 입장에서 유의할 점

제소전화해는 주로 '갑', '을' 관계에 있는 당사자가 작성하는 경우가 많은데, 앞에서 본 바와 같이 제소전화해는 기판력이 있는 매우 강력한 제도이므로 설령 약자인 '을'의 입장에 있다 하더라도 이를 작성할 시는 차라리 합의가 안 되면 바로 소송으로 간다는 각오로 단어 하나하나에 신중한 주의를 기울

여야 하며, 특히 매수청구권의 포기 등 너무 불리한 조항을 많이 넣지 말아야 한다. 대개의 경우 화해조서의 작성 시 판사가 보아 너무 형평에 맞지 않은 부분은 삭제할 것을 강하게 권하지만, 이는 어디까지나 권유일 뿐 완전한 강제력이 있는 것이 아니어서 '갑'이 강력히 주장하고 '을'이 이를 수긍하게 되면 판사로서도 어쩔 수 없는 경우가 되기 때문이다.

② '갑(임대인)'의 입장에서 유의할 점

임대차계약에 대한 제소전화해의 경우, 임대차관계에서 제소전화해로서의 작성 시 임차인을 명도하는 것에만 초점을 맞추다 보면 그 밖에 임대차관계에서 발생할 수 있는 나머지 부분에 대해서는 간과하기가 쉬우므로, 임대차계약 내용을 가급적 빠뜨리지 않고 구체적으로 기록해야 한다. 예를 들면 "계약의 종료 시 임차인은 원상회복해 임대인에게 명도한다", "임대차기간 중 발생하는 각종 공과금 및 수선유지의무는 임차인이 진다", "임차인이 3기 이상의 차임을 연체할 시 임대차계약을 해지하고 건물을 임대인에게 명도한다", "임차인은 계약기간 중 임대인의 동의 없이 무단전대, 임차권 양도, 담보제공 등의 행위를 하지 않으며, 임대인의 동의 없이 무단전대, 임차권 양도, 담보제공 등을 할 시 임대인은 즉시 임대차계약을 해지한다", "임대차계약이 명시적 또는 묵시적으로 갱신되어 다시 종료된 경우에도 명도를 하지 않을 시 임차인은 임대인의 강제 집행을 수락한다", "계약이 종료되어 명도해야 될 의무가 있음에도 불구하고 무단전대, 임차권 양도 등으로 말미암아 임차인이 명도의무를 지체할 시 상당한 위약금액이나 지체일수당 얼마의 금액을 배상한다" 등의 문구를 기재해야 한다는 것이다.

기타의 계약에 대한 제소전화해의 경우, 어떤 계약을 체결한 후 이에 대한 제소전화해를 하는 경우는 흔치 않지만, 예를 들어 매매계약에 있어 다소 부당하게 고가로 매매해 계약이행 후 쟁송의 여지가 있는 경우 "약정한 대금을 정상적인 가격으로 인정하고 향후 반환청구 등의 이의를 제기하지 않는다"라는 조항을 넣는다든가 해서 추후 있을지도 모를 분쟁을 미리 방지해야 한다는 것이다.

4) 제소전화해의 한계

①제소전화해 조서가 작성되기까지는 다소 많은 시간이 소요되는 관계로 끝까지 이행(조서 작성)되지 않는 경우가 있고 그로 인해 본안소송이 진행되는 경우가 있다. 따라서 이를 대비해 임대차계약의 체결 시 계약서상에 "제소전화해 신청절차에 협조하지 않으면 임대차계약을 해제할 수 있다"라는 문구를 삽입하고, 가급적 잔금 정산 시 제소전화해에 필요한 서류를 임차인으로부터 미리 징구하는 것이 바람직하다.

②역시 많은 시간이 소요되는 관계로 말미암아 명도를 위한 화해의 경우 임차인이 추후 제소전화해를 무력화시키기 위해(명도를 회피하기 위해) 제소전화해가 성립되기 전 무단전대차를 만들어놓을 수가 있다.

③제소전화해가 성립된 이후라 하더라도 추후 무단전대 등으로 점유자가 바뀌는 경우 점유이전금지가처분을 한 후, 변경된 점유자에 대한 승계집행문을 발급받아야 명도집행이 가능하다.

5) 제소전화해 신청 시 구비서류(임대차계약일 경우)

①임대차계약서, ②건물등기부 등본, ③건축물대장, ④임대부분에 대한 도면(임대 부분이 건물일 경우), ⑤개별공시지가확인원, ⑥위임장, ⑦관할합의서, ⑧변호사비용(변호사 선임 시): 목적물가액에 따라 일방당 40~50만 원선

6) 제소전화해의 절차

비록 다소 간편한 절차이기는 하나 이 또한 꼭 같은 재판이므로 법원마다 약간의 차이는 있지만, 제소전화해 신청일로부터 2~3개월 이후에나 제소전화해 기일이 정해지게 되고 지정된 기일에 양측이 법원에 출석해서 신청된 제소전화해 내

용에 대해 동의함으로써 제소전화해가 성립한다. 이때 변호사에 의한 대리출석도 가능하나 대리인 1인이 쌍방을 대리할 수는 없으며, 소가(소유권에 기한 명도청구의 경우 목적물건 가액의 2분의 1)가 1억 원 이하인 경우에는 법원의 허가를 받아 비변호사(배우자, 4촌 이내의 혈족, 사용인 등)의 대리출석도 가능한데(민사소송법 제88조, 민사소송규칙 제15조), 그 개략적인 절차는 다음과 같다.

①임대차계약 체결(임대차계약 체결 시 내용을 충실히 기재하고 제소전화해 신청예정임과 화해비용 부담 주체를 미리 정한다) ⇒ ②변호사선임(필요 시/목적물가액에 따라 일방당 약 40~50만 원 선) ⇒ ③제소전화해 조항 작성 ⇒ ④법원에 제소전화해 신청서 제출 ⇒ ⑤화해기일 출석 ⇒ ⑥재판부의 보정명령 ⇒ ⑦화해조항 보정(⑤~⑦항 1~2회 반복) ⇒ ⑧화해성립 ⇒ ⑨화해조항 위반 시 집행문 부여 ⇒ ⑩강제(명도)집행

2. 공정증서제도의 활용

공증이라 하면 공증인법이나 기타 법령이 정하는 바에 따라 자격이 주어진 공증인 등이 인증을 하는 것으로 사서증서인증과 공정증서인증으로 구분할 수가 있다. 그런데 사서증서인증은 흡사 확정일자와도 같이 쌍방이 작성한 문서의 진정성을

확인하는 정도의 효력이 있을 뿐 집행력이 없으나, 공정증서 인증은 공증인이 직접 작성해 인증한 것으로 강제집행수락의 문언이 있을 시 강제적인 집행력이 있다는 차이점이 있다. 따라서 통상 공증이라 하면 사서증서가 아닌 집행력이 있는 공정증서를 말하는 것으로 보면 되는데, 공정증서의 경우 원본은 25년간 공증사무소에서 보관한다.

1) 공정증서의 효력

공정증서의 경우 폭행, 협박, 약탈 등에 의해 강제로 작성했으면 그 효력은 취소되지만, 폭행, 협박, 약탈 등의 해당이 없을 시 공정증서는 무효가 될 수 없으며, 기판력은 없으나 강력한 증거력과 집행력이 있어 강제집행에서는 집행 수락의 문언이 기재되어 있을 경우 집행권원으로서 집행력을 가진다. 이런 이유로 공증인은 공증 시 법령 위반의 유무, 법률행위의 유효·무효, 촉탁인 또는 대리인의 인위(人違)의 유무[대리인에 의해 공정증서를 작성하는 경우 본인의 진의에 대한 확실한 증거(본인의 자필·서명, 무인)를 갖추어야 하며, 그렇지 않을 시 추후 쟁송(청구이의의 소)의 대상이 될 수 있다], 그의 능력 및 권한의 유무 등을 조사해야 하며, 공증인법 기타 법령이 정하는 요건을 구비하지 않은 공정증서는 공증의 효력이 없다.

2) 공정증서 작성 시 구비서류

구분	공통	본 인	대 리 인
개인	· 원인증서 + ☞	· 본인의 신분증, · 본인의 도장 (인감이 아니어도 무관)	· 위임장(본인인감 날인), · 본인인감증명(본인 발급), · 대리인의 신분증, · 대리인의 도장(인감이 아니어도 무관)
법인		· 대표자신분증, · 법인등기부등본, · 법인인감증명서, · 법인인감	· 위임장(법인인감 날인), · 법인인감증명서, · 법인등기부등본, · 대리인의 신분증, · 대리인의 도장(인감이 아니어도 무관)

3) 원활한 명도를 위해 공정증서를 작성하는 경우(공증인법 제56조의3, 제56조의4)

① 원활한 명도를 위해 공정증서를 작성하는 경우에는 미리 작성할 수가 없다.

임차인의 원활한 명도를 위해 공정증서를 작성하는 경우에는 임대차관계 종료를 원인으로 임차건물을 인도 또는 반환하기 전(즉, 임대차 만료일 전) 6개월 이내에 작성해야 한다(즉, 제소전화해는 계약 당시 미리 작성할 수가 있으나, 명도를 위한 공정증서의 경우에는 임대차 종료가 임박해서야 가능할 뿐 너무 미리 작성할 수가 없다).

② 필히 강제집행을 승낙하는 취지의 합의내용이 포함되어 있어야 한다.

③ 명도에 관한 공정증서의 경우에 있어서는 공정증서를 작성한 날로부터 1개월이 지나지 않으면 집행문을 부여할 수 없다.

④ 역시 이때도 제소전화해의 경우와 같이 오로지 명도(강제집행 수락의 문언)에만 집중하지 말고 그 외 임대차계약내용을 빠뜨리지 않고 충실히 기록해야 한다.

명도불이행이 확실하게 될 때 미리 '명도소송'을 제기하라

임대기간 만기 시는 반드시 임차인을 명도해야만 하는 특수한 사정이 있음에도 불구하고 임차인이 행방불명되었거나 미리 명도를 이행하지 않을 것을 명백히 밝힌 경우 등 임대기간이 종료되더라도 임차인이 자진해서 명도해주지 않을 것이 확실한 경우에는 임대기간 만기 전에라도 임차인을 상대로 건물명도소송을 제기하는 것이 좋다. 건물명도소송에 대략 4~6개월이 소요되기 때문이다.

그런데 이처럼 임대기간이 만료되지 않았음에도 불구하고 사전에 명도소송의 제기가 가능한 이유는 민사소송법상 소제기의 요건으로 어떠한 권리가 있는지의 판단은 소제기시점을 기준으로 하는 것이 아니라, 재판을 종결하는 시점(변론종결시점)을 기준으로 하기 때문이다(대법원2002다9011, 2015다10523, 2007다27427).

Q-07 임대인의 보증금 반환불능이 확실한 경우 임차인도 미리 소를 제기할 수 있다

주·임·법, 상·임·법의 적용을 받는 임차인의 경우에는 임대인이 보증금을 반환하지 않을 때 임차권등기명령 신청을 한 후 소를 제기해 강제경매를 실시한다. 하지만 주·임·법, 상·임·법의 적용을 받지 않는 임차인이거나, 주·임·법, 상·임·법의 적용을 받는 임차인이라 하더라도 임대인이 행방불명되었거나, 미리 보증금 반환의무를 이행하지 않을 것을 명백히 밝힌 경우 등 임차기간이 종료되더라도 임대인이 자진해서 보증금을 반환해주지 않을 것이 확실한 경우에는 임차기간 만기 전에라도 변론기일 등을 감안해 미리 임대인을 상대로 보증금 반환청구의 소를 제기할 수도 있다.

Q - 08

소송[민사]수행 시 관할법원과 소송비용[인지대, 송달료 등]은 얼마나 들까?

1. 관할법원(민사)

<table>
<tr><th colspan="3">구분</th><th>관할 법원</th><th>비고</th></tr>
<tr><td colspan="3">당사자 간 합의가 있을 시</td><td>사전합의가 된 법원</td><td>계약 이후 소제기 전까지 합의된 법원</td></tr>
<tr><td rowspan="7">당사자간 합의가 없는 경우</td><td colspan="2">보통재판적</td><td>채무자의 주소지를 관할하는 법원</td><td>소장에 기재된 실제 기재된 주소가 다르더라도 피고의 항변이 없는 한 소장에 기재된 피고 주소를 기준으로 한다.</td></tr>
<tr><td rowspan="5">원칙</td><td>부동산에 대한 소송</td><td>부동산 소재지 관할</td><td>소송의 목적이 되는 부동산의 등기부상 소재지를 기준으로 관할을 정한다.</td></tr>
<tr><td>어음, 수표</td><td>발행지·지급지 관할</td><td>어음·수표의 권면에 기재된 발행지·지급지를 기준으로 정한다.</td></tr>
<tr><td>불법행위에 대한 손해배상소송</td><td>불법행위발생지를 관할하는 법원</td><td>소장에 기재된 가해행위가 있었던 장소 (관할이 잘못됐을 시 피고 항변가능)</td></tr>
<tr><td>영업을 하는 자</td><td>채무자의 영업소 소재지를 관할하는 법원</td><td>사업자등록지(법인인 경우: 등기부상 주된 영업소 소재지를 기준)</td></tr>
<tr><td>회사에 다니는 자</td><td>회사의 소재지를 관할하는 법원</td><td>소장에 기재된 피고의 직장주소를 기준 (관할이 잘못됐을 시 피고 항변 가능)</td></tr>
<tr><td colspan="2">예외</td><td>보통재판적</td><td></td></tr>
</table>

	피고가 응소하는 때	소송이 제기된 법원	피고가 응소를 하면 관할법원이 된다.
* 가압류 시	부동산, 자동차, 유체동산, 채권 등		채무자의 주소지를 관할하는 법원
	부동산, 자동차, 중기, 선박 등 등기·등록 물건		물건소재지, 등록지, 선적지 관할법원

*관할이 아닌 법원에 소장을 제출한 경우, 관할법원으로 이송한다.

2. 소송비용(민사)

1) 변호사비용

변호사를 선임할 경우, 변호사비용은 개별 사안에 따라 다르므로 생략하기로 한다.

2) 인지대

민사소송 등 인지법, 민사소송 등 인지규칙

[2011.7.18.부터는 전자소송제도를 시행함에 따라 전자소송으로 소장을 제출할 수도 있는데, 이 경우에는 종이소송에 비해 10% 할인된 인지액을 적용하며(즉, 전자소송 시: 아래 산출액×0.9), 전자소송 사건의 경우 인지대·송달료 등 소송비용과 법원보관금을 온라인으로 직접 납부할 수 있다: 산출액이 100원 미만인 경우 절사한다]

심급별	적용 기준	산출액
▷ 1심 [*적용 기준: 소가]	1,000만 원 미만	소송목적 가액×0.50%
	1,000만 원 이상 ~ 1억 원 미만	소송목적 가액×0.45% + 5,000원
	1억 원 이상 ~ 10억 원 미만	소송목적 가액×0.40% + 55,000원
	10억 원 이상	소송목적 가액×0.35% + 555,000원
*공유물분할 청구의 소	☞ 소가: 목적물건가액×원고의 공유지분비율×1/3	민사소송 인지 규칙 제12조 제7호
	☞ 목적물건가액: 개별공시지가(토지)/시가표준액(건물)×1/2	
▷ 재산권상의 소로서 그 소송목적의 값을 산출할 수 없거나 비재산권상의 소송인 경우		소가를 5,000만 원으로 간주해 산정: 소송 목적 가액 50,000,000x0.45%+5,000원
▷ 회사 등 단체관계소송과 무체재산권에 관한 소송(민사소송 등 인지규칙 제15조, 제18조)		소가를 1억 원으로 간주해 산정: 소송 목적 가액 100,000,000×0.40%+55,000
▷청구변경	1심	변경 후 청구(확장액)에 관한 인지액 – 변경 전 청구에 관한 인지액
	2심	변경 후 청구(확장액)에 관한 인지액×1.5 – 변경 전 청구에 관한 인지액
▷조정시 [*적용기준: 조정신청액]	1,000만 원 미만	조정신청금액×0.05%
	1,000만 원 이상~ 1억 원 미만	조정신청금액×0.045% + 500원
	1억 원 이상~10억 원 미만	조정신청금액×0.04% + 5,500원
▷ 항소		1심×1.5배
▷ 상고		1심×2배
▷ 항고, 재항고	항고·재항고 시	2,000원
	신청사건에 대한 항고·재항고	신청사건 인지액×2배
▷ 임시의 지위를 정하기 위한 가처분 신청 및 그에 대한 이의 또는 취소의 신청		그 본안의 소에 따른 인지액×1/2 [*상한액: 50만 원]
▷권리행사최고 및 담보취소		2,000원
▷위헌법률 심판제청 신청		인지액 없음

3) 송달료(민사)

송달료는 전자소송이라 해도 금액 적용의 차이가 없지만, 신청인에게는 우편송달이 필요 없으므로, 다음 당사자 수 대신 피신청인(또는 상대방 수)를 적용해 산출하며, 따라서 결론적으로 전자소송 시는 송달대상자의 숫자가 줄어 송달료가 절약된다.

신청 소송 종류	산출액
민사 제1심 소액사건	4,500원×당사자 수(*전자소송 시: 피고 수)×10회분
민사 제1심 단독사건	4,500원× 당사자 수(*전자소송 시: 피고 수)×15회분
민사 제1심 합의사건	4,500원×당사자 수(*전자소송 시: 피고 수)×15회분
민사 항소사건	4,500원×당사자 수(*전자소송 시: 피고 수)×12회분
민사 상고사건	4,500원 ×당사자 수(*전자소송 시: 피고 수)×8회분
민사 조정사건(*전자소송도 동일)	4,500원×(신청인 수 + 피신청인 수)×5회분
(재)항고사건(*전자소송도 동일)	[(재)항고인 + 상대방 수)] ×송달료 2~5회분
신청사건(*전자소송도 동일)	[신청인 수 + 피신청인 수]×송달료 1~5회분 또는 피신청인 수×송달료 6~8회분

3. 소송불복 시 상소 및 항고기간표

공히 1심은 시효(민사: 소멸시효/형사: 공소시효)소멸 전에 제소(형사: 기소)해야 한다.

☞ **상소 및 항고기간**

① 민소법: 판결서 송달(도달)일로부터 진행[*시기를 정하지 않은 경우 : 초일불산입(민법 제157조)]

② 형소법 제343조, 대법원2002모6 : 상소 제기기간은 재판을 선고(고지)한 날의 익일부터 진행, 형소법 제66조 : 초일불산입

구분		민사(민사소송법) ⇒ 원심법원에		이유서 ⇒ 상급법원에		형사(형사소송법)		이유서 ⇒ 상급법원에	
		기산일	기간	기산일	기간	기산일	기간	기산일	기간
판결에 대한 불복	항소	제396조: 판결서 송달일	14일	별도규정없음(단, 공판전 제출해야 실효성 있음)		제358조: 판결선고 익일	7일	제361조의3: 소송기록 접수통지 수령일	20일
	상고	제425조: 판결서 송달일	14일	제427조: 소송기록 접수통지 수령일	20일	제374조: 판결선고 익일	7일	제379조: 소송기록접수 통지 수령일	20일
	비약상고	합의에 의한 항소생략: 제390조 제1항(단서), 제422조				제372조: 원심판결 후 형의 폐지, 변경, 사면이 있는 때			
	추완항소(상고)	소송행위의 추후보완(제173조): 자기가 책임질 수 없는 사유로 불변기간을 지킬 수 없었을시 그 사유가 없어진 날 ①국내에 있었던 경우: 14일 ②국외에 있었던 경우: 30일				상소권회복청구(제346조): 사유가 종지한 날로부터 상소의 제기기간에 해당하는 기간(즉, 7일) 내에서면 으로 원심법원에 청구와 동시에 소제기			
	재심	제456조: 재심사유를 안 날 (확정판결~5년내) *전 판결과 다른 때는 제척기간 없음	30일	제455조: 각 심급의 소송절차에 따름		제427조: 별도규정 없음(제한 없음)		별도규정없음(제한없음) 단, 공판기일 전까지 제출해야 실효성이 있음	
명령·결정 〃	통상항고	제439조, 법원실무제요민사소송 Ⅲ, 법원행정처〈2005〉 제3567쪽 : 원재판의 취소를 구할 이익이 있는 한 언제든지 가능				제404조: 원재판의 취소를 구할 이익이 있는 한 언제든지 가능			
	재항고	제442조: 별도규정없음 [443조: ①항고 : 1장(법원)의 규정 준용 ②재항고 : 2장(당사자)의 규정 준용]				▷제415조: 즉시항고(3일)에 의한다. ▷대법원82모24 : 상고규정(7일) 준용(제415조와 상충됨)			
	즉시항고	제444조: 재판고지일 (파산법 등: 14일)	7일	각 법률에서 정한 일자 (민·집·법: 항고장제출일부터 10일)		제405조: 판결·결정 익일	3일	각 법률에서 정한 일자	
	특별항고	제449조: 재판고지일	7일	제450조: 상고규정 준용		특별항고에 관한 규정 없음			

※ 소송 중 확인하지 못한 증거가 있거나 사실관계의 확인이 필요할 시 '사실조회신청'(민사소송법 제294조, 형사소송법 제272조, 통신비밀보호법 제13조의2) 또는 '석명권'(민사소송법 제136조)을 행사해줄 것을 요청한다(대법원2009다42765, 2005다64033, 2001다11055, 2002다41435, 2004다37676, 2011다29970).

4. 피고가 되었거나 이해관계자일 경우 능률적인 소송 수행방법

참고로, 만약 자신이 원고가 아닌 피고가 되었거나 당해 소송과 이해관계가 있는 경우에는 다음과 같은 방법으로 소를 능률적으로 수행할 수도 있다.

1) 피고의 능률적인 소송 수행방법

①원고가 담보제공 없이 소를 제기한 경우

법원에 원고로 하여금 소송비용에 대해 현금담보제공명령을 하게 할 것을 신청해 소송수행을 어렵게 하고, 만약 이 신청이 받아들여지지 않으면 거부권을 행사하거나 즉시항고를 한다. 하지만 만약 상대가 담보를 제공하지 않았음을 알고도 본인에 관해 변론하거나 변론준비기일에서 진술한 경우에는 담보제공을 신청하지 못한다.

②소송의 결과에 대해 이해관계가 있는 제삼자가 있을 경우

현재 진행되고 있는 소송에 대해 소송고지를 해서 그 제삼자에게도 판결의 효력(참가적 효력)이 미치도록 할 수도 있다. 하지만 이는 '긁어 부스럼을 만드는 결과'를 낳을 수도 있으므로 당시의 상황에 따라 신축적으로 활용해야 한다.

2) 이해관계자일 경우 능률적인 소송 수행방법

현재 진행하고 있는 소송의 직접적인 이해당사자일 경우에는 공동소송참가를 신청할 수도 있고, 소의 직접당사자는 아니지만 당해 소로 영향을 받을 수 있는 이해관계자인 경우, 필요 시 보조참가나 공동소송적 보조참가 또는 독립참가(당사자적격의 요건이 맞을 시)를 해서 소송을 신속히 진행할 수도 있다.

제 04 부

인도명령명도소송의 집행에 이은 유체동산 경매 절차

유체동산 경매는 동산 경매 중에서도 가장 많이 발생하는 대표적인 영역으로, 그 발생 원인에는 각종 판결, 판결외의 집행권원 등 민사집행법·민사소송법에 규정된 집행권원과 그 외의 각종 법률에 규정된 집행권원 등이 있으나, 여기서는 그 중에서도 특히 부동산 경매에서 종종 발생하는 인도명령(명도소송)의 집행에 이어 최종적인 업무절차로서의 유체동산 경매 절차에 대해 실무적인 차원에서 요약해보기로 한다.

그런데 부동산 경매의 후행 업무로서의 유체동산 경매는 경매 절차 중 집행권원의 종류와 집행(매각)장소가 다를 뿐(즉, 판결 등 일반적인 권원의 집행 시는 유체동산의 집행 및 매각장소가 주로 채무자의 거소가 되겠지만, 부동산 경매에서 인도명령집행에 의한 유체동산 경매의 경우는 대부분 집행장소가 유료보관창고가 된다) 진행 방법은 앞에서 공부한 바와 모두가 같다.

Q - 01

압류한 유체동산에 선행 압류나 가처분이 없는 경우

인도집행으로 유체동산을 압류했다. 유체동산에 선행 압류·선순위 가처분 등이 없는 경우, 유체동산 경매는 어떤 절차에 해야 하나?

1. 채무자(소유자)의 거소가 있을 때 채무자(소유자)의 거소로 최고서를 발송한다

채무자(소유자)의 거소가 있을 때 인도(명도)집행 후 유체동산의 소유자에게 보관으로 인해 발생하는 비용 등의 손해배상취지 및 조속한 기일 내 미인수 시는 강제경매를 실시하겠다는 내용의 내용증명을 발송한다. 그 이유는 추후 집행비용확정결정의 송달절차가 있어 이 서류는 강제집행에서 필수적인 구비서류라고 할 수는 없겠지만, 최고서의 송달로 인해 의

외로 유체동산 처리에 대한 합의가 될 수도 있기 때문이다.

2. 집행비용확정결정을 신청한다(민사집행법 제53조1, 제2항, 민사집행규칙 제24조 제1항)

인도명령(명도)집행 후 집행관사무실에 납부한 강제집행비용, 창고보관료 및 강제집행 시의 열쇠교체비용 등에 대해 계산서의 첨부와 함께 계산내역을 구체적으로 적시해 '집행비용확정결정'을 집행법원에 신청하며, 집행법원에서는 결정으로 이를 재판하게 되는데, 이는 유체동산의 압류(동산경매) 신청 시 집행권원이 된다.

3. 집행비용확정결정 및 송달

낙찰자가 신청한 계산내역에서 증빙서의 검증 등 합리적인 검증으로 금액을 가감해 집행비용이 확정(결정)되며, 집행비용확정이 되면 그 정본을 신청인 및 상대방에게 송달하게 되는데, 이때는 집행법원에 따라 통상 곧바로 또는 1회 송달불능 시 민사소송법 제187조에 의한 우편송달(발송송달)의 방법에 의해 송달한다.

4. 보관 유체동산에 대한 압류(경매) 신청을 한다

집행비용확정결정이 송달되면 집행권원(집행비용확정결정)정본, 송달증명서, 목적물이 있는 장소를 기재해 신청수수료와 함께 집행관에게 동산압류(경매)를 신청한다. 이때 대리인이 신청 시는 본인의 인감증명이 첨부된 위임장을 추가로 첨부한다.

5. 보관 유체동산을 압류한다

채권자의 압류(경매) 신청이 접수되면 집행관은 신속히(통상 5일 이내) 채권자의 안내(동행)하에 유체동산을 압류한다. 이때 만약 부동산 경매 사건의 인도집행에 이은 유체동산 경매가 아닌 기타의 채권회수를 위한 압류 시에는 대부분 유체동산의 보관장소가 유료보관창고가 아닌 채무자(소유자)의 거소가 되므로 신청인은 강제개문을 위해 열쇠공 및 성인 2명의 입회인을 대동해야 한다.

6. 압류 유체동산의 감정평가 및 감정료의 납부

압류 이후 집행관은 등록된 감정평가사에게 감정의뢰를 하고, 감정이 완료되면 압류(경매 신청) 채권자는 감정료를 납부한다.

7. 매각 기일의 지정 및 공고(민사집행법 제202조, 제216조, 민사집행규칙 제145조, 제146조)

1) 매각 기일의 지정(원칙: 압류일로부터 1주일~1개월)

민사집행법(제202조)에서는 "최소한 압류일로부터 1주 이후의 일자를 매각 기일로 지정해야 한다"라고 하고, 민사집행규칙(145조)에서는 "경매 기일은 부득이한 사정이 없는 한 압류일부터 1월 안의 날로 정해야 한다"라고 되어 있으나, 실무에서는 '부득이한 사정'이란 문구 때문에 합법적으로 집행관(집행계)의 재량권이 많이 작용하고 있으므로 수시로 직접 일정을 체크해 필요 시 민사집행법 제216조에 의한 독촉을 해야 한다.

2) 매각 기일의 공고

최소한 매각 기일의 3일 전까지 매각 기일을 공고해야 한다(즉, 최소한 매각 기일 공고 3일 이후에 매각을 실시해야 한다는 것이다).

8. 경매실시(매각 또는 재매각)

1) 무잉여, 선순위 가처분, 선순위 (가)압류권자와의 협의 등 특수한 경우가 아닌 한 통상 경매 신청 후 약 20~25일 사이 경매(통상 호가 경매)를 실시한다

이때 만약 유찰 시는 또다시 위 매각기일 공고부터의 절차를 거쳐 재매각을 실시하게 되는데 경매 법원 및 집행관(집행계)에 따라 또는 당시의 업무 사정에 따라 다르지만, 통상 약 10~15일이 추가로 소요된다.

2) 동산 매각은 참관인 2명을 대동하고 진행하며, 법원마다 다르지

만 매각 시 일반적으로 참관인이 없으면 유체동산을 보관하고 있는 창고회사의 도움을 받을 수도 있다

3) 집행채무자가 아닌 배우자의 우선매수 신청

유체동산 중에서도 특별히 가재도구는 부부공동재산이므로 채무자가 아닌 배우자는 기여분(1/2)에 대한 배당요구 신청은 물론 우선매수 신청도 할 수 있는데, 이는 미리 신청할 수도 있고, 집행현장에서 가족관계증명서와 신분증을 지참해 신청할 수도 있다. 하지만 매각기일 현장에 부재 시는 우선매수 신청이 불가하므로 통상 매각기일 현장에서 신분확인이 가능한 서류를 지참해 우선매수 신청을 한다(만약 배우자의 공유주장에 이의가 있을 시 민·집·법 제221조 제3항에 따라 '공유관계부인의 소'를 제기한다).

9. 배당(집행비용의 수령) 및 공탁(민사집행법 제217조~제222조, 민사집행규칙 제183조~제185조)

1) 유체동산이 매각되면 압류(경매) 신청 채권자는 즉석에서 매각수수료를 납부해야 하고, 집행관은 매각수수료로 이를 수취한 후 이어 배당을 실시한다

이때 배당대상이 신청자 1인밖에 없거나 복수일지라도 매각대금 이내일 경우(실무에서 이런 경우는 거의 없다) 대부분 현지에서 배당을 실시하는데, 배당순서로 매각대금에서 ①배우자

배당신청이 있을 시 이(1/2)를 지급한 뒤(이는 압류에 해당하지 않는 공유지분이므로 최우선 지급한다) ②신청자의 채권(집행비용)을 차감하고 ③배당 대상 채권자의 순서대로 배당하고 ④ 잔여액이 있을 시 이를 채무자에게 반환한다.

2) 신청자 외의 배당대상자가 있고 매각대금이 배당신청액에 부족할 때는 2주 이내의 날을 배당기일(배당협의기일)로 정해 채권자 간 협의된 대로 배당을 실시한다

3) 배당기일(배당협의기일)까지 미협의 시 집행관은 이 금액을 공탁하고 집행법원에 신고해 집행법원에서 배당하도록 한다

이때는 앞 부동산 경매에서와 같이 집행법원이 민사집행법 및 각 개별법에서 정한 배당순서대로 배당을 실시한다.

10. 점유자의 주민등록 말소 신청

명도가 완료되면 법원의 강제집행결정문과 집행관의 집행완료조서를 지참해 동사무소(주민센터)에 불거주자(점유자)의 주민등록말소 신청을 하고, 동사무소에서는 현장조사 후 주민등록법상 전입신고기일인 2주 이후 말소하게 되는데, 비로소 이로써 낙찰자의 입장에서 경매에 대한 모든 절차가 깨끗이 종료하게 되는 것이다.

Q-02 압류한 유체동산에 선행 압류나 가처분이 있는 경우

선행 압류·선순위 가처분 등이 있는 경우에도 압류 및 집행비용의 회수를 위한 집행비용 확정 신청까지의 절차는 선행 압류·선순위 가처분 등이 없는 경우와 동일하며, 다만 그 이후의 처리절차가 다소 차이가 있을 뿐이다.

1. 선행 압류가 있는 경우

1) 시효(제척기간)가 완성된 경우

① 동산압류(매각 신청)와 함께 가압류 취소를 신청한다

그래야 추후 매각대금의 배당에 있어 경합(안분배당)이 안 되기 때문이다.

가압류가 집행된 뒤 3년간(당초 10년⇒5년⇒3년으로 변경) 본안의 소를 제기하지 않으면 취소를 신청할 수가 있는데, 이 경우 채무자(소유자)는 물론 특별승계인, 기타의 이해관계인(채권

자 등)도 신청할 수가 있으며, 채권자대위권의 목적이 될 수도 있다(민사집행법 제288조 제1항 제3호, 대법원2014마1413, 2011마1258, 2006다24568, 2007마340, 2004다50235). 하지만 가압류가 강제경매개시결정으로 인해 본압류로 이행된 경우에는 채무자가 가압류에 대한 이의신청이나 취소신청 또는 가압류 집행 자체의 취소를 구할 수는 없다(대법원2008마950, 2004다54725).

② 매각 기일(채권이 경합 시는 이후 배당기일) 매각대금에서 집행비용을 배당받는다

통상적으로는 자신이 낙찰받아 채권(집행비용)을 상계처리한다.

③ 집행비용 부족액이 있을 시 전 소유자(채무자)를 상대로 이를 회수한다

2) 시효(제척기간)가 완성되지 않은 경우

가압류권자와의 협의 결과에 따라 진행한다.

① 선행 압류권자와 협의가 원만한 경우

선행 압류권자와 협의가 원만해 압류를 해제하기로 한 경우

에는 압류를 해제한 후 기확보한 집행비용확정결정문과 송달증명원으로 앞에서 설명한 압류가 없는 경우의 경매 신청절차를 진행하고, 선행 압류권자가 매각하기로 한 경우에는 선행 압류권자로 하여금 보관 위치에서 경매 절차를 진행하게 해 매각대금에서 우선순위에 따라 배당받는다.

② 선행 압류권자가 행방불명 또는 협의가 안되는 경우

이때는 역시 기확보한 집행비용확정결정문과 송달증명원으로 앞에서 설명한 절차와 같이 경매 신청절차를 진행해 매각대금을 우선순위에 따라 배당을 받는다[이때도 통상적으로는 자신이 낙찰받아 채권(집행비용)을 상계처리한다].

만약 집행비용 부족액이 있을 시는 전 소유자(채무자)를 상대로 이를 회수한다.

2. 선순위 가처분이 있는 경우

가처분권자와 협의해 그 결과에 따라 진행한다.

1) 시효(제척기간)가 완성된 경우

① 동산압류(매각 신청)와 함께 가처분 취소를 신청한다

그래야 가처분이 없는 상태의 매각을 진행할 수 있기 때문인데, 가처분의 절차는 가압류의 절차를 준용한다(민사집행법

제301조, 제310조).

② 매각 기일(채권이 경합 시는 이후 배당기일) 매각대금에서 집행비용을 배당받는다[통상적으로는 자신이 낙찰받아 채권(집행비용)을 상계처리한다]

③ 집행비용 부족액이 있을 시 전 소유자(채무자)를 상대로 이를 회수한다

2) 시효(제척기간)가 완성되지 않은 경우

가처분권자와의 협의 결과에 따라 진행한다.

① 선순위 가처분권자와 협의가 원만한 경우

협의된 대로 진행한다.

② 선순위 가처분권자와 협의가 안 될 경우

이때도 역시 기확보한 집행비용확정결정문과 송달증명원으로 인수주의(선순위 가처분)로 경매를 진행해 최저가로 스스로 낙찰받고 채권(집행비용)은 상계처리를 한다. 이때 자신이 낙찰받는 이유는, 이런 물건을 매각한다 해도 인수되는 선순위 가처분으로 말미암아 이를 매수하려는 자가 없어 매각이 불

가한데, 그렇다고 마냥 두면 창고보관료가 쌓이기 때문이다.

그러고도 집행비용 부족액이 있을 시 전 소유자(채무자)를 상대로 이를 회수하고, 가처분권자를 상대로는 '소유권에 대한 방해제거청구의 소'(민법 제214조)를 진행해, 전부승소를 한 경우에는 마음대로 사용·수익·처분을 하고 일부승소를 한 경우에는 그에 따른다.

제 05 부

경·공매 시 '입찰 실수'에서 탈출하는 방법

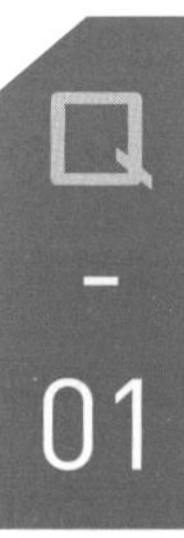

경매 입찰에서 '지뢰'를 밟았다. 어떻게 탈출해야 할까?

익히 알고 있다시피 경매에서는 일반매매와는 달리 숨어 있는 하자를 발견하기가 쉽지 않다. 그럼에도 불구하고 물건의 하자에 대한 매도인의 담보책임은 법률상 물을 수가 없으며, 심지어 권리에 대한 하자라 할지라도 후일(즉, 배당이 종결된 후) 배당채권자를 상대로 '부당이득금반환청구'를 하는 등 절차와 실효성에 있어 많은 난점이 있다. 예전에는 설령 일부 낙찰자의 실수가 있었다 하더라도 매각불허가 신청 등에 있어 대체로 법원이 관대한 편이었으나, 요즘에는 낙찰자의 실수는 물론 심지어 경매 법원의 하자의 여지가 있음에도 불구하고 이를 명백히 지적해 증명하지 않는 이상 기각하고 보증금을 몰수해 경매의 지연을 방지하는 추세다.

따라서 권리의 하자가 아닌 물건분석에 대한 중대한 하자가 있었을 경우 비록 쉽지는 않겠지만, 민사집행법상의 규정에 의한 '매각허가결정에 대한 이의 신청(매각불허가 신청)', '즉시항고', '매각허가결정취소 신청', '항고', '경매개시결정에 대한 이의 신청' 등의 규정을 활용해야 하므로, 혹여 경매 물건의 판단에 과오가 있을 경우를 대비해 최고가매수신고인이 되면 즉시 현장조사를 재차 해서 정밀 권리분석으로 그간 발견하지 못한 치유가 쉽지 않은 하자가 있는지를 조사해 만약 심대한 하자가 있을 경우 다음의 제도를 적극적으로 활용해야 한다.

1. 시점별 이의제기(위험회피) 방법

1) 낙찰 이후~매각허가결정 전: '매각허가에 관한 이의 신청'(매각불허가 신청)

민사집행법 제121조에서 규정하고 있는 사유를 들어 신청하며, 구체적인 사유와 이의제기 방법은 뒤에서 살펴보기로 한다.

2) 매각결정기일: '선고법정에 출석해 의견을 진술'한다(민·집·법 제126조, 제128조, 제120조)

매각허부의 결정은 선고해야 하고(민·집·법 제126조), 특별한 매각조건으로 매각한 때는 그 조건을 적어야 하며(민·집·법 제128조), 매각결정기일에 출석한 이해관계인은 매각허가에 관한 의견을 진술할 수 있으므로(민·집·법 제120조), 입찰 실수를 했을 때 선고법정에 출석해 합당한 이유를 찾아 '매각불허가 신청'을 하거나 합당한 '특별매각조건'이 있으면 이를 매각조건에 반영하도록 적극적으로 의견을 개진한다.

3) 매각허가결정~항고기간(민·집·법 제127조, 제15조, 제129조, 제86조)

'매각허가결정취소신청', '즉시항고' 또는 '경매개시결정에 대한 이의신청'을 한다.

4) 항고기간~잔금 납부 전(민·집·법 제127조, 제130조, 제86조)

'매각허가결정취소신청'(민사집행법 제127조), '매각허가결정에 대한 항고'(민사집행법 제130조) 또는 '경매개시결정에 대한 이의신청'(민사집행법 제86조)을 한다.

5) 매각대금 납부 후(지뢰가 아닌 경매 법원이나 매각물건에 하자가 있는 경우에 해당)

민법 제578조(경매와 매도인의 담보책임) 및 민법 제572조(권리의 일부가 타인에게 속한 경우와 매도인의 담보책임)에 따라 다음과 같이 처리한다.

① 배당기일 전(대법원1997.11.11.자 96그64결정: 부동산 강제경매)

경매 법원에 대해 '경매에 의한 매매계약의 해제와 납부한

낙찰대금의 반환청구'

② **배당기일 후**(민법 제578조: 경매와 매도인의 담보책임)

비록 경매 물건에 대한 권리 하자가 있다 하더라도 배당이 된 후라면, 채무자에게는 '권리의 하자(예: 대항력 있는 임차인의 존재)로 인한 매매계약의 해제와 그에 따른 낙찰대금의 반환 및 손해배상청구(이를 알면서 고지하지 않았을 경우)' 또는 '대금감액청구'를 하고(하지만 자력이 없는 채무자에 대한 것은 실효성이 없다), 경매 신청 채권자에 대해는 '권리의 하자(예를 들어, 대항력 있는 임차인의 존재)로 인한 매매계약의 해제와 그에 따른 부당이득금반환 및 손해배상청구(이를 알면서 경매 신청을 했을 때)'를 할 수 있으며, 배당받은 채권자에 대해서는 이와 같은 방법으로 부당이득금반환청구를 한다.

2. 경매개시결정에 대한 이의 또는 절차상의 이의로 삼을 수 없는 경우

1) 경매개시결정 이후의 경매 부동산의 가격평가절차에 관한 사유

2) 경매 준비단계에서의 경매 기일공고 등에 관한 사유

3) 낙찰자 외의 채무자나 기타의 이해관계인이 대금 납부기일통지를 받지 못한 경우

하지만 낙찰자가 아닌 이해관계인이 입찰기일과 낙찰기일의 통지를 받지 못했을 경우는 절차상의 이의로 삼을 수가 있다(대법원2004마94, 2001마1047, 2002마2754).

4) 매수인의 대금 납부(즉, 물권변동의 효력 발생) 후의 절차상 또는 실체상의 사유

5) 다른 이해관계인의 권리에 관한 이유로 이의 신청을 하는 경우

따라서 지뢰를 밟았을 때, 다른 이해관계인의 권리를 이유로 이의 신청을 할 수는 없으므로 낙찰자는 해당 이해관계인(채권자, 임차인 등)에게 입찰기일이 송달되지 않았을 경우(민·집·법 제104조 제2항) 이해관계인으로 하여금 '매각불허가 신청'이나 '매각허가결정에 대한 이의'를 제기하도록 해 지뢰밭을 탈출하기도 한다.

3. 대표적인 이의제기(위험회피) 방법 및 적법한 사유

다른 이해관계인의 권리에 관한 이유로는 이의를 신청하지 못하므로(민·집·법 제122조), 낙찰자가 권리분석의 실수로 지뢰를 밟았을 때 채무자(소유자), 채권자, 임차인 등이 아닌 낙찰자가 정상적인 방법에 따라 하자를 찾아 이를 이유로 '매각허가에 대한 이의신청(매각불허가 신청)', '매각허가결정취소 신청',

'즉시항고', '항고' 등을 제기하기란 쉽지 않다. 따라서 낙찰자가 지뢰를 밟았을 때 많은 경우 해당 이해관계인[채권자, 채무자(소유자), 임차인 등]으로 하여금 '매각불허가 신청', '매각허가결정에 대한 이의', '즉시항고'를 제기하도록 해 지뢰밭을 탈출하기도 한다.

1) 매각허가에 대한 이의 신청(매각불허가 신청) (민사집행법 제121조)

다음 사유 중 하나가 있을 때 신청할 수 있으나, 실무에서는 주로 아래 ①⑤⑥⑦ 중에서 사유를 찾아 신청하며, 이의신청에 대한 기각결정 시 '즉시항고'를 할 수 있다.

①강제집행을 허가할 수 없거나 집행을 계속 진행할 수 없을 때

②최고가매수신고인이 부동산을 매수할 능력이나 자격이 없는 때

③매수할 자격이 없는 사람이 최고가매수신고인을 내세워 매수신고를 한 때

④최고가매수신고인, 그 대리인 또는 최고가매수신고인을 내세워 매수신고를 한 사람이 제108조(매각장소의 질서유지) 각호 가운데 어느 하나에 해당되는 때

⑤최저매각가격의 결정, 일괄매각의 결정 또는 매각물건명

세서의 작성에 중대한 흠이 있는 때 ⇒ 이의제기 시 이 조항을 많이 이용하므로 이를 세분해 살펴보자.

첫째, 최저매각가격의 결정에 중대한 흠이 있는 때(대법원2004마94외 다수)
이는 주로 채무자(소유자), 채권자 등이 제기할 사항이므로 필요 시 이를 활용한다.

둘째, 일괄매각의 결정에 중대한 흠이 있는 때(대법원2004마94외 다수)
이는 주로 채무자(소유자), 채권자 등이 제기할 사항이므로 필요할 때 이를 활용한다.

셋째, 매각물건명세서의 작성에 중대한 흠이 있는 때(민사집행법 제85조, 제105조)
낙찰자가 실수했을 때 이를 가장 많이 활용한다.

⑥천재지변, 그 밖에 자기가 책임을 질 수 없는 사유로 부동산이 현저하게 훼손된 사실 또는 부동산에 관한 중대한 권리관계가 변동된 사실이 경매 절차의 진행 중에 밝혀진 때: '천재지변, 그 외 자기가 책임을 질 수 없는 사유로 부동산이 현저하게 훼손된 때'란 화재, 풍수해, 주거가 불가할 정도의 심한 누수 등으로 고유의 목적(주거)으로 사용할 수 없거나, 낙찰 이후 점유자의 고의파손으로 심각한 물리적 훼손이 있는 때 등을 들 수 있고, '부동산에 관한 중대한 권리관계가 변동된 사실이 경매 절차 진행 중에 밝혀진 때'는 말 그대로 입찰 이후 인수권리가 변경된 경우 등을 말하는데, 이를 이용해 지뢰밭을 탈출하기도 한다.

"후순위자의 대위변제로 인수권리가 바뀐 경우"를 이용하는 경우
지뢰를 밟았을 시, 만약 후순위 임차인이 배당을 받지 못하고 선순위가 소액인 경우라면 낙찰 이후 임차인으로 하여금 대위변제를 하도록 유도해 지뢰밭을 탈출하기도 한다.

낙찰 이후 유치권신고가 있는 경우 취할 조치 ⇒ 매각불허가[대법원2008마459, 2007마128]
지뢰를 밟았을 시, 이를 이용해 채무자나 점유자로 하여금 인테리어업자의 견적서 등을 첨부한 유치권신고를 하게 해 탈출하기도 한다[하지만 그럴 경우 입찰·경매 방해죄(형법 제315조)의 적용을 받을 수도 있음에 유의해야 한다].

⑦경매 절차에 그 밖의 중대한 잘못이 있는 때(대법원2004마94외 다수): 경매 절차에 잘못이 있는 경우란 여러 가지가 있으나, 실무에서는 송달하자가 있을 시 이를 '경매 절차에 중대한 잘못이 있는 때'로 해서 가장 많이 활용하는 방법이다.

2) 매각허가결정의 취소 신청(민사집행법 제127조, 제121조)

①제121조 제6호(부동산의 훼손, 권리관계의 변동사실)가 매각허가결정의 확정 뒤에 밝혀진 경우 매수인은 대금(경락잔금)을 낼 때까지[단, 재매각명령 전까지에 한한다: 대법원2008마1270] 매각허가결정 취소 신청을 할 수 있다.

②제1항의 신청에 관한 결정에 대해는 즉시항고를 할 수 있다.

3) 다음 중 하나를 찾아 실기하지 말고(7일 내) '즉시항고'[⇒(필요시)'재항고']를 하자

민사집행법상 즉시항고를 할 수 있는 경우는 많으나 경매와 관련한 경우는 다음에 열거한 경우가 있으며, 경매에 있어 즉시항고는 이해관계인, 매수인, 매수신고인만이 할 수 있고(민·집·법 제129조 제1, 2항, 대법원2005마59), 즉시항고 시는 필히 항고장을 제출한 날부터 10일 이내에 항고사유를 구체적으로 기술한 항고이유서를 원심법원에 제출해야 한다(민·집·법 제15조, 민사집행규칙 제13조).

①매각대금이 모두 지급될 때(즉, 물권변동의 효력이 있는 경락잔금지급 시)까지 이해관계인의 경매개시결정에 대한 이의신청에 대한 결정(민사집행법 제86조)

②천재지변, 그 밖에 자기가 책임을 질 수 없는 사유로 부동산이 현저하게 훼손된 사실 또는 부동산에 관한 중대한 권리관계가 변동된 사실이 매각허가결정의 확정 뒤에 밝혀져 매수인이 매각대금(경락잔금)을 낼 때까지(재매각명령 전까지) 한

매각허가결정의 취소 신청에 대한 결정(민사집행법 제127조)

③매각허가 여부의 결정에 따라 손해를 볼 수 있는 이해관계인(민사집행법 제129조 제1항)(이때 매각허가를 주장하는 매수신고인은 그 신청한 가격에 대해 구속받는다)

④매각불허가에 대한 이의 또는 매각허가를 할 정당한 이유가 없거나, 결정에 적은 것 외의 조건으로 허가해야 한다고 주장하는 매수인(민사집행법 제129조 제2항)(이때 매각허가를 주장하는 매수신고인은 그 신청한 가격에 대해 구속을 받는다)

⑤매각허가결정에 대해 항고하면서 항고보증을 제공했음을 증명하는 서류를 붙이지 않아 1주일 이내에 각하를 한 때(민사집행법 제130조 제4항, 제5항)[항고보증금을 미납할 경우 일단 보정명령을 해야 하며(대법원2011마38 ⇔ 반대: 대법원2006마513), 보정명령이 없이 바로 각하결정을 할 시에는 즉시항고가 가능하다. 따라서 채무자 등이 이를 이용해 항고보증금 없이 항고한 후 각하결정 시 또다시 즉시항고를 해 합법적으로 경매를 지연시키기도 한다]

⑥부동산 인도명령의 결정(인용 또는 기각)에 관해 이의가 있는 때(민사집행법 재136조 제1항, 제5항)

⑦매각허가결정 이후 인도할 때까지 신청하는 매수인 또는 채권자의 부동산 관리명령 신청에 대한 법원의 결정에 이의가 있는 때(민사집행법 제136조 제2항, 제5항)

⑧항고장을 제출한 날부터 10일 이내에 대법원규칙이 정하는 바에 따라 구체적인 사유를 기재한 항고이유서를 제출하지 않아 즉시항고의 각하결정을 한 때(민사집행법 제15조 제3항, 제4항, 제5항, 제8항): 이 또한 경매 지연의 수단으로 이용된다.

※ 재항고 시는 즉시항고의 절차에 따라야 한다: 민사소송법 제443조, 제408조, 제146조, 대법원2004마505)

4) 즉시항고를 실기했을 경우: 잔금 납부(소유권취득) 시까지(단, 재매각명령 전까지)

▷'매각허가결정취소 신청(민사집행법 제127조), ▷'매각허가결정에 대한 항고'(민사집행법 제130조) 또는 ▷'경매개시결정에 대한 이의 신청'(민사집행법 제86조)을 한다.

다만 이해관계인이 경락허가결정에 대한 '추완항고'의 사유가 있을 때는 비록 경락잔금이 납부되었다 하더라도 '추완항고'가 가능하다(대법원2001마1047전원합의체).

①매각허가결정취소 신청(민사집행법 제127조)

매각허가결정의 확정 뒤에 자기가 책임을 질 수 없는 사유

로 부동산이 현저하게 훼손된 사실 또는 부동산에 관한 중대한 권리관계가 변동된 사실이 있는 때

②매각허가결정에 대한 항고(민사집행법 제130조)

항고를 할 수 있는 경우(항고사유)로는 민사집행법 제121조에서 규정한 매각허가에 대한 이의신청사유(7개 항목)가 있거나, 그 결정절차에 중대한 잘못이 있는 경우(민사집행법 제130조 제1항)와 민사소송법 제451조제1항 각호의 재심사유가 있는 때(민사집행법 제130조 제2항)이고, 항고의 방법에 있어서는 구체적인 사유를 기술한 항고이유를 기재하거나 추후(10일 내) 필히 구체적인 사유를 기술한 항고이유서를 제출해야 하는데, 매각허부에 대한 항고 중 매각허가결정에 대한 항고 시는 누구든지 매각대금의 10%의 항고보증금을 납부해야 한다(하지만 매각불허가에 대한 낙찰자의 항고 시는 경매 지연의 의사가 있을 수 없으므로 항고보증금의 납부가 필요하지 않다).

항고보증금의 처리에 있어 채무자(소유자)가 한 항고가 기각된 때에는 경매 지연에 대한 벌칙으로 항고보증금을 몰수하고, 기타의 사람이 한 항고가 기각된 때에는 항고를 한 날부터 항고기각결정이 확정된 날까지의 매각대금에 대한 대법원규칙이 정하는 이율(연 20% ⇒ 2015.10.01.부터: 연 15%)에 의

한 금액(단, 항고보증금을 한도로 한다)을 차감(몰수)하고 지급한다.

③ 경매개시결정에 대한 이의신청(민사집행법 제86조): 잔금 납부(물권변동의 효력) 시까지

이해관계인은 매각대금이 모두 지급될 때까지[즉, 잔금 납부(물권변동의 효력) 시까지] 법원에 경매개시결정에 대해 이의신청을 할 수 있으며, 이 신청에 관한 재판에 대해 이해관계인은 즉시항고를 할 수 있다.

낙찰자가 이 방법을 이용하는 경우는 주로 '지뢰'를 밟았을 시 그 탈출수단으로 경매개시결정의 송달하자 등을 이유로 해 이용하는 경우이고, 채무자가 이의 신청을 하는 경우는 주로 채무변제 등으로 낙찰자의 동의 없이(낙찰자가 동의해주지 않아) 경매를 취하하고자 하는 경우에 이용되는데, 낙찰자가 '지뢰'를 밟았을 때 이 방법을 많이 이용하는 이유는 매각허가에 대한 항고를 하려면 항고보증금의 부담(지연이자 부담의 위험)이 있지만, 경매개시결정에 대한 이의를 하는 경우는 항고보증금을 납부하지 않아도 되기 때문이다.

4. 특히 입찰보증금이 고액일 경우 '경매 취하'를 검토하자

1) 채무자에게 경매 취하자금을 대여해 취하하는 방법

이 방법은 담보 물건의 가치에 비해 채무가 소액인 경우에 가능한 훌륭한 수익실현의 방법이다. 단, 이때는 담보 물건의 평가액(급매시세)이 최소한 대부 당시 '①당해 물건에 경료된 채권액(특별한 경우가 아닌 한, 이때는 필히 채권최고액을 기준으로 해야 한다)+②현 임차인의 임차보증금 합계액+③자신의 채권액(역시 채권최고액)+④경매 신청비용+⑤현재 공실에 대한 소액최우선배당 예상액+⑥예상 당해세+⑦설정·말소비용+⑧취득세 예상액' 이상이 되어야 하며, 그렇지 않을 경우 입찰보증금을 회수하려다 손실이 발생할 수 있다.

2) 채무자에게 대여(또는 손실감수)해 채무자의 연체이자를 상환하고 취하하는 방법

이 방법은 연체이자가 소액일 경우 연체이자를 채무자에게 대여하거나 극소액일 경우 아예 손실을 감수하고(이는 채무자의 이익이 된다) 채권자와 합의해 취하한다. 하지만 이때는 이미 낙찰가를 기준으로 채권자에 대한 예상배당액산출이 가능하므로 저가낙찰로 인해 채권자가 불만족상태가 아닌 한, 채권자와의 합의가 쉽지 않다.

3) 경매 신청 채권자와의 협의(?)에 의해 취하하는 방법

① 배당이 안전한 중복경매 신청사건이 있는 경우

이런 경우의 중복경매 신청이 있을 경우에는 신청채권자가 취하를 하더라도 중복경매 신청사건으로 다시 경매가 진행되어 배당에 지장이 없기 때문에 신청채권자에게 일부의 사례를 제공하면 협의가 가능할 수도 있는 경우다.

② 중복경매 신청사건이 없는 경우

비록 중복경매 신청사건이 없는 경우라 하더라도 경매 신청 채권자가 선순위이고 채무자에 대한 저당여유가 많은 경우, 신청채권자에게 이번 낙찰가가 부당하게 낮은 가액으로 낙찰이 되었음을 증명해 경매를 취하하게 한 후 재신청에 의한 고가낙찰을 실현할 것을 제안할 수 있다. 하지만 이런 경우 추후 다시 경매를 신청할 때 비용과 시간이 소요되므로 설득이 매우 어려운 것이 사실이다.

③ 경매 신청 채권자가 NPL 투자자일 경우

경매 신청 채권자가 NPL 투자자일 경우에는 손님(고가입찰자)를 끌기 위해 자신이 낙찰받았다가 스스로 취하하는 경우도 많이 있기 때문에 역시 위 중복경매 신청사건이 없는 경우와 같은 논리를 제안할 수 있다. 하지만 이때 특별한 경우가 아닌 한 '지뢰'를 밟은 낙찰자가 잔금을 미납하고 포기할 시 '저당 여유'로 인해 포기한 입찰보증금이 자신에게 배당되는 관계로 실제 저가낙찰이 아닌 한 협상이 매우 어렵다.

4) 아예 경매 신청채권자의 채권을 양수해 취하하는 방법

이는 NPL 거래와 같은 방식으로, 이때는 이미 낙찰가를 기준으로 신청채권자의 배당액이 결정된 상태여서 기대 이하의 저가로 낙찰이 된 상태가 아닌 한 채권을 매각하려 하지 않을 것이므로 원활한 협상이 거의 어려운 실정이다. 따라서 이런 경우 웃돈을 얹어주거나 기타의 조건을 제시해야 하는데, 담보 물건의 가치에 비해 유효채권이 적고 저당여유가 많은 선순위 채권일 경우에는 일부 웃돈을 준다 하더라도 검토가 가능한 방법(즉, NPL 거래방법)이다.

5) 이해관계인(민·집·법 제90조)으로 하여금 이의를 제기하게 해 매각을 불허토록 한다

앞에서 설명한 바와 같이 낙찰자가 다른 이해관계인의 권리를 이유로 하는 이의제기는 불가하므로(민·집·법 제122조), 채무자(소유자), 채권자, 임차인 등의 이해관계인 중 항목별로 적합한 해당 이해관계인으로 하여금 이의('매각불허가 신청', '매각허가결정취소 신청')를 제기하게 해 지뢰밭을 탈출한다.

5. 기타 매각물건명세서상 권리의 하자 또는 물건훼손 등의 경우, '대금감액 신청'도 가능하다(하지만 대금감액 신청은 그 실효성이 없다)

민법 제578조(경매와 매도인의 담보책임)의 규정에 의하면 매각물건명세서상 표기되지 않은 경매 물건상의 하자나 표기된 내용과 일치하지 않는 경우 또는 낙찰 이후의 경매 물건의 훼손이나 권리의 변동 등 낙찰자의 책임 없는 사유로 인한 하자가 있을 때는 일반매매에 있어 계약의 해지에 상당하는 '매각불허가'나 '매각허가결정의 취소' 또는 '대금의 감액을 신청' 할 수 있을 뿐 아니라, 심할 경우 악의의 채무자나 경매 신청 채권자에게는 '손해배상청구'도 가능하다. 하지만 대금감액을 관철하려면 감정비용과 기타의 절차비용이 소요되므로 소액의 감액신청사유가 발생할 경우에는 그 실익이 없다 하겠다. 따라서 이런 경우 통상 실무에서는 유명무실한 대금감액 신청을 하기보다는 위에 기술한 '매각불허가 신청' 또는 '매각허가결정의 취소 신청'으로 처리하고 있다.

Q - 02 공매에서 '지뢰'를 밟았을 경우에는 어떻게 탈출해야 할까?

공매(국세징수법)의 경우에는 배분이의에 관한 규정(제83조의2)만 있을 뿐 경매에서와 같은 이의 신청 또는 항고제도(민사집행법 제121조, 제127조, 제129조, 제130조 등)가 규정되어 있지 않아 공매절차와 권리 하자에 대한 이의가 있을 때는 원칙적으로 행정처분에 대한 불복으로 '행정소송'을 제기해 이의를 다투어야 하므로 그 절차가 매우 번거롭다.

물론 국세징수법(제78조)에도 '매각결정의 취소'에 대한 규정이 있으나 이는 체납자가 매수인의 동의를 받아 체납액을 납부하고 매각결정을 취소하는 경우와 매수인이 매수대금을 지정된 기한까지 납부하지 않은 경우에 매각결정을 취소해야 한다는 것으로, 이는 공매재산에 대한 권리 하자나 공매 절차의 하자를 이유로 하는 매각결정의 취소를 규정한 것이 아니어서 지뢰를 밟은 최고가매수인에게 대해서는 유명무실한 규정이다(따라서 공매에서는 사전권리분석을 더욱 철저히 해야 한다).

하지만 그럼에도 불구하고 만약 지뢰를 밟은 경우, 공매재산명세서의 작성에 하자가 있거나 공매 절차를 규정하고 있는 조항에 하자가 있을 시는 경매 절차(민사집행법)를 준용해 '매각불허가 신청'이나 '매각허가결정취소 신청'을 해서 적극적으로 대처해볼 필요가 있으며, 이런 경우 실제 매각허가결정이 취소된 경우가 있음에 유의해야 한다.

본 책의 내용에 대해 의견이나 질문이 있으면
전화(02)333-3577, 이메일 dodreamedia@naver.com을 이용해주십시오.
의견을 적극 수렴하겠습니다.

경매 투자에서 반드시 주의해야 할 86가지

제1판 1쇄 인쇄 | 2019년 1월 24일
제1판 1쇄 발행 | 2019년 1월 31일

지은이 | 성호섭
펴낸이 | 한경준
펴낸곳 | 한국경제신문*i*
기획제작 | (주)두드림미디어

주소 | 서울특별시 중구 청파로 463
기획출판팀 | 02-333-3577
영업마케팅팀 | 02-3604-595, 583 FAX | 02-3604-599
E-mail | dodreamedia@naver.com
등록 | 제 2-315(1967. 5. 15)

ISBN 978-89-475-4441-2 03320

책값은 뒤표지에 있습니다.
잘못 만들어진 책은 구입처에서 바꿔드립니다.

한국경제신문i 부동산 도서 목록

이것이
부동산
투자다

P2P금융 전문가들이 알려주는
꼬마빌딩
건축 바이블
기획부터 사업수지 분석까지 실전 지침서

부자 되는
기적의 경매

투자자들이 꼭 알아야 할
부동산 상식의
허와 실
33명의 전문가가 밝히는 부동산의 모든 것!

상가 경매로
비즈니스하라
'2억으로 20억 상가 건물주 되기' 실전 노하우 공개
부자로 가는 가장 빠른 길은 상가 경매다

따사부
일체
2018
토지시장
완벽 분석

부동산
투자,
흐름이
정답이다

부동산 경매
소액 투자의 기적
경매에서 자유로워지면 블루오션 투자가 시작된다!

주인이
나가래요

당신도 부자가 될 수 있다
김코치
경매

정철우가 알려주는 성공하는 NPL 레시피
이것이 진짜
성공 NPL이다
Non Performing Loan

방패장군의
실패하지 않는
부동산
실전 투자
X-파일

부동산 의문점 100문 100답
내집마련
슈퍼리치
SUPER RICH

이것이 진짜
소송 경매다

부동산 경매로
365일 월세를
꿈꾸는 사람들
경제적 자유를 위한 경매 투자의 모든 것

구만수 박사
3시간 공부하고
30년 써먹는
부동산 시장 분석 기법

탐험의 오케스트라 지휘자,
수백억 원의 부동산 자산가 되다
제주도
경매왕
부자가 되려면 학교, 가족, 친구를 떠나라!
경제적 자유를 위한 경매사관학교

경매 성공의 지렛대가 되어줄
법정지상권,
분묘기지권
깨트리는 법

이것이 진짜
도로 경매다
토지 경매에 성공하려면
반드시 도로를 알아야 한다!

셰 어
하우스

사건번호 속
사연을 알면
답이 보인다!
mystery auction
추리 경매
탐정처럼 추리로 경매하라!

갭 투자
슈퍼리치

부동산 싸게 사는 법, 무작정 따라하기
월급보다
월세 부자
싸게 살 수 없다면
절대로 사지 마라!

평범한 월급쟁이를 경매 부자로 만드는
미친
경매력
한 권으로 끝내는 실전 경매 가이드북

억척 주부
부富 테크
평범한 주부도 부자가 될 수 있다!

REAL ESTATE
PROJECT BIBLE
부동산금융 전문가를 위한 미래 설계 로드맵
부동산금융
프로젝트 바이블

나 홀로 고수익 내는 경매의 블루오션
이것이 금맥 캐는 농지 경매다
500만 원으로 시작하는 농지 경매의 모든 것

경 매 로
장기 미집행시설
일 몰 제 와
그린벨트 해제를
활용하라

나는 경매로
노숙자에서
억대 연봉자가
되었다
빈털터리에서
경매 전문가로 우뚝 선
천지인의 리얼스토리

위기의 시대,
사야 할 부동산
팔아야 할 부동산

대박땅꾼 전은규
훔쳐서라도
배워야 할
부동산
투자교과서
소액 편
나는 적금통장보다
부동산 투자가 좋다

단독주택
리모델링
무조건 따라하기

재개발
재건축
투자의
모든 것

경매·NPL 입문자를 위한
권리분석의
모든 것

수도권 신도시를 알면 부동산 투자가 보인다
1, 2기
신도시
아파트
투자지도

기초에서 실무까지
경매야,
우리 친구하자
경매의 성공은 현장에 있다

불안한 수익구조에서 탈출하기 위한
투어박과 함께 떠나는
실전경매
여행
Real Auction Tour with TourPark

국내 1호 우형달 경매 박사가 말하는
아무도 알려주지 않는 불편한 진실!
위험한
경매
개정판
말로는 대박 경매,
실제는 쪽박 경매!

아무도 알려주지 않는
처참한 경매 현장 고발 완결판!
아주
위험한
경매
말로는 대박 경매,
실제는 쪽박 경매!